Du Tatouage

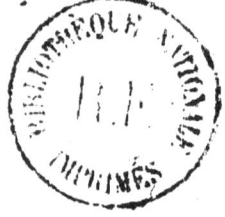

chez

les Prostituées

PAR MM.

Le Dr Albert LE BLOND | **Le Dr Arthur LUCAS**

MÉDECIN DE SAINT-LAZARE | *ANCIEN INTERNE DE SAINT-LAZARE*

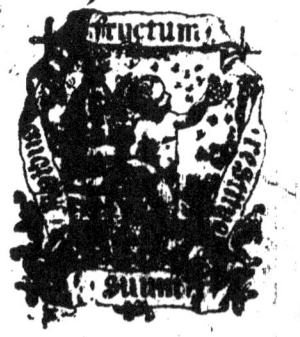

PARIS

SOCIÉTÉ D'ÉDITIONS SCIENTIFIQUES

Place de l'École-de-Médecine

4, RUE ANTOINE-DUBOIS, 4

1899

DU TATOUAGE CHEZ LES PROSTITUÉES

Du Tatouage

chez

les Prostituées

PAR MM.

| Le Dr Albert LE BLOND | Le Dr Arthur LUCAS |
| MÉDECIN DE SAINT-LAZARE | ANCIEN INTERNE DE SAINT-LAZARE |

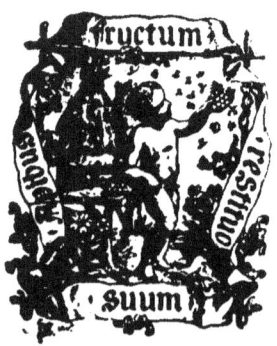

PARIS

SOCIÉTÉ D'ÉDITIONS SCIENTIFIQUES

Place de l'École-de-Médecine

4, RUE ANTOINE-DUBOIS, 4

—

1899

L'étude anthropologique et médico-légale du tatouage n'est plus à faire.

Les ouvrages de MM. Berchon et Lacassagne sur ce sujet sont trop documentés pour qu'on puisse se proposer de reprendre ou d'augmenter leurs savantes recherches.

Le tatouage chez les prostituées n'a pas encore été l'objet d'une étude spéciale ; il nous a paru utile de combler cette lacune, en nous bornant à mettre très rapidement le lecteur au courant de la question.

Nous exposons également ici à quels procédés le médecin peut avoir recours pour faire disparaître les traces du tatouage, longtemps considérées comme indélébiles.

Dr A. LE BLOND,
Dr A. LUCAS.

INTRODUCTION

Il faudrait remonter aux époques les plus lointaines de l'histoire pour retrouver l'origine de la pratique du tatouage, que nous définirons avec Berchon :

« L'ensemble des moyens par lesquels des » matières colorantes végétales ou minérales sont » introduites sous l'épiderme ou à des profon- » deurs variables, à l'effet de produire une colo- » ration ou des dessins apparents et de longue » durée, quoique non absolument indélébiles. »

M. G. L. D. de Rienzi a, d'autre part, dans le « Dictionnaire de la Conversation et de la Lecture », publié un très intéressant article que nous croyons utile de reproduire ici :

« Le *tatouage* ou l'opération de tatouer, c'est- » à-dire d'imprimer des dessins, paraît évidemment » venir du mot *tataou*, qui, aux îles Taïti et

» Tonga, sert à désigner cette opération. Les
» Papouas empioient le mot *pa*. Il est pratiqué
» par tous les insulaires de la Polynésie et d'une
» partie de l'Océanie, et en général par toutes
» les nations sauvages et à demi civilisées. Les
» Nouka-Hiviens et les Nouveaux-Zélandais sur-
» passent tous les Polynésiens dans cet art. Plu-
» sieurs sauvages le pratiquent également dans
» d'autres parties du globe. Le climat qu'habitent
» les Océaniens ne comporte qu'une draperie
» légère ; mais, si le corps des insulaires est peu
» vêtu, du moins ils ne négligent pas de l'orner
» de différents dessins qu'ils impriment sur la
» peau même. Les Papouas le font très adroite-
» ment, se servant d'un petit morceau d'écaille
» de tortue, semblable, pour la forme, à une
» portion de lame de scie présentant 5 ou 6 dents
» droites et aiguës. Le tatoueur, après avoir
» enduit les dents de l'outil d'une peinture noire,
» qui n'est pas autre chose que de la poussière
» de charbon délayée dans de l'eau, applique
» l'outil à la peau, et frappe dessus à petits coups
» avec une baguette, jusqu'à ce que les pointes
» des dents aient pénétré jusqu'au vif. L'opération
» occasionne une légère inflammation et une
» enflure peu douloureuse, qui cependant ne cesse
» qu'au bout de quelques jours. Par le moyen de

» ces piqûres, les sauvages de la mer du Sud se
» dessinent sur le visage et sur toutes les parties
» du corps des figures indélébiles, dont les unes
» sont des cercles parfaitement tracés, d'autres des
» portions de cercle, d'autres des spirales, des
» figures carrées ou ovales, des échiquiers, d'autres
» enfin des lignes inclinées et croisées diversement.
» Tous ces dessins sont distribués avec la plus
» grande régularité : ceux d'une joue, d'un bras,
» d'une jambe, correspondent exactement à ceux
» de l'autre ; et cette bigarrure, tout extraordinaire
» qu'elle est, présente un ensemble qui plaît. Les
» chefs et nobles de Nouka-Hiva surtout semblent
» couverts d'un justaucorps de différentes étoffes,
» ou d'une cotte de mailles décorée d'un grand
» nombre de ciselures précieuses. Mais les serfs,
» les esclaves, et les hommes des classes infé-
» rieures, sont tatoués avec moins d'art et de
» soins. Quelques-uns ne le sont même pas du
» tout. Quant aux femmes, il est défendu de les
» tatouer autre part que sur les mains, sur les
» bras, aux lèvres et au bord de l'oreille. —
» Lorsque Durville alla visiter avec Touai le
» village de Kahouwera, l'ariki Touao lui montra
» sa femme qui recevait la suite de son tatouage
» sur les épaules. Une moitié de son dos était
» déjà sillonnée de dessins profonds, et une

» esclave travaillait à décorer l'autre dans le même
» goût. Couchée sur le ventre, la malheureuse
» femme semblait beaucoup souffrir, et le sang
» ruisselait abondamment de ses plaies ; cependant
» elle ne poussait pas un soupir, et elle se con-
» tenta de sourire, sans se déranger, non plus
» que la femme qui était chargée de cette impor-
» tante opération. Touao semblait tout glorieux
» de l'honneur nouveau que sa femme allait
» acquérir grâce à ces décorations. Parmi les
» Nouveaux-Zélandais, le tatouage, qui porte le
» nom de *Moko*, paraît être l'équivalent de ces
» armoiries dont tant de familles européennes
» étaient si vaines au moyen-âge. Entre ces deux
» inventions, il y a pourtant une différence remar-
» quable, c'est que les armoiries des Européens
» n'attestaient que le mérite individuel de celui
» qui le premier avait su les obtenir, sans rien
» prouver quant au mérite de ses enfants, tandis
» que la décoration du Nouveau-Zélandais atteste
» d'une manière authentique que, pour avoir le
» droit de la porter, il a dû faire preuve d'un
» courage et d'une patience personnelle extraordi-
» naires. Pour preuve de l'analogie du *tatouage*,
» chez les Nouveaux-Zélandais, avec nos armoiries,
» citons le fait suivant. Touai faisait un jour
» remarquer avec orgueil à M. Durville quelques

» dessins bizarres gravés sur son front. Comme
» il lui demandait ce qu'ils avaient de si remar-
» quables : « la famille du Koro-Koro, reprit-il,
» a seule, dans la Nouvelle-Zélande, le droit de
» porter ces dessins. Chongui (chef), tout puissant
» qu'il est, ne pourrait pas les prendre car la
» famille de Koro-Koro est beaucoup plus illustre
» que la sienne. » Un Zélandais, considérant un
» jour le cachet d'un officier anglais, vit des armes
» gravées sur ce cachet, et sur le champ il
» demanda à l'officier si c'était le moko de sa
» famille. — Ces dessins leur tiennent lieu de
» signature, comme cela se pratiqua lors du
» marché que le missionnaire anglais, M. Martden,
» contracta avec le chef Okouna, lorsqu'il acquit
» un terrain pour la mission, moyennant quelques
» haches. Ces Européens apposèrent leur seing au
» bas du contrat, et le moko d'Okouna y fut
» appliqué en guise de signature ; ce fut Chongui
» qui fut chargé de le tracer. — Toupe Kouta
» avait coutume de dire que son nom était
» représenté par un des dessins particuliers de sa
» figure. L'œil de l'étranger s'habitue assez vite
» à l'effet du *Moko*, tout bizarre, tout révoltant
» qu'il soit au premier abord ; on finit même
» par trouver que l'aspect n'en est point du tout
» désagréable, ainsi qu'on s'habitue aux yeux obli-

» ques des Montgols et des beautés chinoises. Ces
» marques impriment au visage des Zélandais
» un caractère de noblesse et de dignité très
» prononcé ; ils suppléent en quelque sorte au
» défaut d'ornements étrangers et à la nudité
» habituelle de leurs corps. Par un sentiment
» involontaire, et dont j'aurais eu souvent peine
» à me rendre compte, ceux des Polynésiens
» dont le visage n'était point tatoué, me parais-
» saient évidemment d'une condition inférieure à
» ceux qui avaient reçu leurs insignes. — *L'opé-*
» *ration du Moko*, en donnant au système cutané
» un surcroît d'épaisseur et de solidité, rend ces
» insulaires plus en état de résister aux piqûres
» des moustiques, aux intempéries des saisons,
» aux coups de leurs ennemis, en un mot à
» tous les accidents auxquels l'homme sauvage
» est incessamment exposé. Les souillures de la
» saleté, les traces des maladies, et jusqu'aux rides
» de la vieillesse sont peu sensibles sur ces
» peaux gravées, endurcies, et fréquemment ointes
» d'huile. Enfin, ces décorations étranges ont
» l'avantage d'annoncer sur-le-champ et d'une
» manière authentique, le rang de chaque indi-
» vidu, et de lui assurer la considération à la-
» quelle il a droit.

   » Aux Carolines, le tatouage ne doit être opéré

» que sous les auspices des idées religieuses, et
» sous certains signes divins. Le chef qui doit
» exécuter l'opération invoque la divinité en fa-
» veur de la maison et des personnes qui doivent
» y être tatouées, et ce n'est qu'à une sorte de
» sifflement qu'on reconnaît son consentement. Si
» ce signe ne se manifeste point, l'opération n'a
» pas lieu. De là vient que quelques individus
» ne sont jamais tatoués, parce que, si l'opéra-
» tion se faisait dans l'absence des signes divins,
» la mer submergerait leurs îles et toute la terre
» serait détruite. C'est la mer seule que redoutent
» les insulaires, et, pour arrêter l'effet de son
» courroux, ils ont recours aux conjurations. L'ai-
» mable sauvage Kadou dit à M. de Chamillou
» qu'un jour il avait vu monter la mer jusqu'au
» pied des cocotiers, mais qu'elle se retira parce
» qu'elle fut conjurée à temps. Le capitaine Lütke
» nous apprend que les habitants d'Oldia refu-
» sèrent plusieurs fois de confier la décoration du
» tatouage aux officiers russes qui le demandaient,
» et, pour s'excuser poliment, le plus souvent ils
» alléguaient les conséquences pénibles de cette
» opération l'enflure, la douleur..., etc. Enfin un
» chef désigna sa maison à l'un des Russes pour
» y passer la nuit, promettant de le tatouer le
» lendemain matin ; mais le lendemain il éluda sa

» promesse sous toutes sortes de prétextes. Peut-
» être une sorte de distinction nationale attachée
» au tatouage empêche-t-elle les Polynésiens de
» l'appliquer aux étrangers. Quelques voyageurs
» ont longuement disserté sur la question de sa-
» voir pourquoi cet usage est commun à presque
» tous les peuples sauvages ? La solution de cette
» question ne nous paraît pas difficile à donner;
» tous les hommes naissent avec le goût de la
» parure, et ceux qui, par la nature du climat
» ou par le défaut d'étoffes, éprouvent l'impossi-
» bilité de s'envelopper comme nous d'un tas de
» vêtements plus ou moins gênants, ou sans di-
» gnité et sans goût, incrustent sur leur peau des
» vêtements qui leur tiennent lieu d'habits. Du
» reste le tatouage était connu des anciens peu-
» ples barbares. Nous avons vu à Biban el Mo-
» louk, près de l'ancienne Thèbes, en Égypte, des
» tableaux du tombeau d'Ousirii Ier, où les an-
» cêtres asiatiques de la race blanche européenne,
» peut-être même de ceux qui étaient établis dans
» la Thrace, sont représentés tatoués et couverts
» de peaux d'animaux. Jules-César, dans ses *Com-*
» *mentaires*, nous apprend que les habitants de
» la Grande-Bretagne pratiquaient également cette
» opération. Il n'est pas nécessaire d'aller jusqu'en
» Océanie ni de remonter jusqu'à l'antiquité la

» plus reculée pour se faire une idée du tatouage,
» puisque de tout temps les soldats et les mate-
» lots français et étrangers ont connu le moyen de
» dessiner sur leur peau des figures indélébiles ;
» mais leur procédé diffère de celui des peuples
» dits sauvages.

» Le dessin se fait en piquant la peau jusqu'au
» vif avec une aiguille. La partie dessinée est sur-
» le-champ couverte de poudre à canon réduite en
» poudre impalpable ; on y met le feu, et l'explo-
» sion, qui fait pénétrer dans la peau des parti-
» cules de poudre, y laisse gravé le dessin, qui
» s'y montre sous une couleur bleue, qu'aucun
» ingrédient ne saurait désormais effacer.

» Les rapports si frappants qui existent entre
» les peuples Polynésiens et ceux de la Malaisie,
» à l'égard du tatouage, ainsi que du tabou et
» autres usages que j'ai observés dans l'Océanie,
» m'autorisent à conclure que les habitants de
» toutes ces îles ont tiré leurs usages et leurs
» opinions d'une source commune, et qu'on peut
» les regarder comme des tribus dispersées d'une
» même terre, qui se sont séparées à une époque
» où les idées politiques et religieuses de cette
» nation étaient déjà fixées ; et je crois que cette
» terre est la grande île Kalémentan, mal à pro-
» pos nommée Bornéo. »

Bien que réprouvée par l'Eglise, en Palestine la coutume de tatouer des signes religieux subsiste encore, comme en témoigne cette déclaration de M. Lacassagne : « Nous avons dans notre collection » le tatouage d'un jeune homme, fils d'un de nos » consuls en Orient, qui, en 1878, alla à Jéru- » salem, en compagnie de princes maronites ; il » se fit tatouer avec tous ses compagnons de » voyage. Il nous a assuré que le Grand Duc » Nicolas, de Russie, portait un semblable dessin » fait aussi à Jérusalem. » C'est là, croyons-nous, un des derniers vestiges du tatouage pratiqué dans les classes élevées.

Le tatouage est au contraire très répandu encore dans certains milieux ; ceci ressort très nettement de l'*Etude anthropologique et médico-légale* du Dr Lacassagne (1). Moins l'instruction est répandue et plus le corps de métier est, pour ainsi dire, fermé, plus les exemples se multiplient. Le sexe masculin occupe la première place, marins, militaires (surtout ceux qui vont aux colonies), forgerons, prisonniers, sont généralement tatoués. Il n'est guère de circonstances où il soit donné d'observer de nombreux cas de tatouages chez la femme. C'est, en effet, dans ce sexe, un indice néfaste

(1) Lacassagne. Les Tatouages, Paris. Baillière, édit. 1881.

pour la moralité du sujet. Si, rassemblant quelques exemples méthodiquement groupés, nous avons pu guider un peu le médecin légiste dans ses incessants travaux, nous serons heureux d'avoir fait œuvre utile.

Si, d'autre part, nous avons quelque peu contribué aussi à faire rejeter cette pratique barbare, qui évoque à notre mémoire ces vers de La Fontaine :

> ..... Quoi! rien! — peu de chose —
> Mais encor? Le collier dont je suis attaché
> De ce que vous voyez est peut-être la cause
> Attaché! dit le loup : Vous ne courez donc pas
> Où vous voulez? — Pas toujours, mais qu'importe!...

nous aurons atteint notre but.

C'est par un tatouage infamant que la justice désignait autrefois les coupables; elle a renoncé à ce moyen : la société récompense la bravoure par une étoile qu'elle se réserve d'arracher à celui qui voudrait la ternir: rien n'est définitif, aucune marque indélébile ne doit à jamais être gravée qui ôte à l'homme les plus précieux attributs de son individualité : l'indépendance et la liberté!

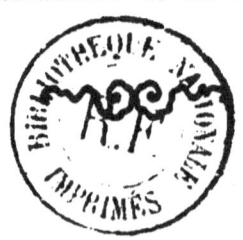

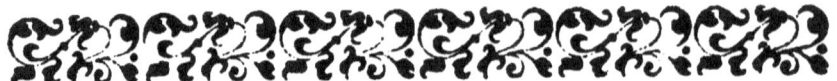

CHAPITRE I

Tatoueurs professionnels et procédé employé

Des révélations qui nous ont été faites on peut conclure que chez la femme le tatouage est pratiqué dans deux circonstances qui représentent, pour ainsi dire, le criterium de la déchéance morale de la victime de cette mutilation.

Dans un premier cas il s'agit d'une personne qui, ayant des relations avec un individu, tatoué lui-même généralement, subit l'influence, et, jurant amour et fidélité éternelle, se laisse graver le nom, les initiales de l'amant. L'épilogue de cette première aventure est souvent une tombe, une menace, une autre inscription vengeresse ! Aussi la répugnance est-elle grande pour la femme tatouée, d'exhiber ainsi la preuve de son inconduite : elle révèle son passé, et maudissant parfois dans une

nouvelle inscription le genre masculin tout entier
elle craint qu'en voyant l'expression de sa pensée
le « client » ne se trompe pas assez sur ses senti-
ments intimes !

Dans le second cas c'est au professionnel que
la femme s'est livrée. Comment ? Le plus souvent
par l'entraînement : dans un café de nuit le
tatoueur est venu exhiber son album (car ils ont
un véritable catalogue de figures et de prix), il
promet le succès.... peu de douleur.... un prix
minime et comme la concurrente X, Y ou Z
fait étalage d'une de ces *œuvres d'art*, objet de
toute l'envie, la tentation est irrésistible.

Que ce soit le tatoueur ou l'amant, le procédé
est généralement le même. Seules les compositions
varient pour les couleurs à obtenir, généralement
un bleu uniforme, rarement bleu et rouge.

Sur un morceau de bois rectangulaire sont
fixées, à l'aide d'un fil, trois aiguilles, de telle
sorte que l'aiguille du milieu soit un peu au dessous du niveau des deux autres par rapport à
leur pointe. Cet instrument représente le *style*.

Le tatoueur ayant préalablement dessiné à l'encre
le dessin qu'il se propose d'exécuter en suit alors
le mieux possible le contour avec le style qu'il
enfonce obliquement, en piquant assez profondé-
ment (un demi à un millimètre), en évitant cepen-

dant l'apparition du sang. Lorsque ce pointillé est exécuté, le style étant employé à sec, on répand sur le dessin une couche d'encre de Chine.

D'autres tatoueurs indiquent la supériorité incontestable de l'emploi du style préalablement trempé dans la matière colorante (encre de chine, vermillon, carmin, poudre écrasée, encre ordinaire, charbon, etc.).

Une observation publiée par le Dr Lacassagne, donne une description très nette des accidents consécutifs à l'opération du tatouage. Nous croyons devoir la reproduire (1).

« *31 décembre*. — Un des personnages du des-
» sin représentant un zouave est terminé ; les par-
» ties rouges de son costume faites au vermillon
» paraissent plus enflammées. Autour du tatouage
» existe une congestion diffuse et tout à fait super-
» ficielle. Le tatoué n'éprouve aucune souffrance.

» *1er janvier 1880*. — L'inflammation est moins
» forte qu'hier. Il y a eu des essais infructueux de
» tatouage avec un vermillon de mauvaise qualité.

» Le 2, un second personnage du dessin repré-
» sentait un cavalier. Le tatoueur, ne sachant des-
» siner le cheval, le calqua sur une gravure à
» l'aide de papier huilé, puis, ayant pointillé le

---

(1) Lacassagne. Les Tatouages. Baillière. édit., 1881.

» dessin avec une épingle, il mit dessus une
» couche de charbon de bois pilé, et, l'appliquant
» sur la partie à tatouer, le dessin s'y trouva repro-
» duit par la poudre de charbon, et il n'eut plus
» qu'à en commencer la piqûre.

» Le 3. — Les contours du cavalier sont ter-
» minés; il y a peu d'inflammation; pas de dou-
» leur. Les croûtes sur le dessin exécuté le 31 dé-
» cembre sont encore très visibles.

» Les 4 et 5. — Les croûtes sont à peu près
» dans le même état, mais elles blanchissent.

» Le 6. — Les croûtes commencent à sécher et
» à tomber. Un autre tatouage est fait.

» Le 7. — Les croûtes sont à peu près tombées
» sur le dessin représentant un zouave.

» Le 8. — Les croûtes ont complètement dis-
» paru. Les parties tatouées en vermillon devien-
» nent très apparentes.

» Le 13. — Les croûtes sont partout tombées;
» les surfaces rouges sont luisantes et comme
» moirées.

» Le 14. — Le rouge est très vif, et la dispa-
» rition complète des croûtes permet de calquer
» les différents dessins aussi facilement que s'ils
» eussent été tatoués depuis longtemps.

» Le 19. — Le zouave tatoué le 31 décembre
» ressemble à un tatouage de vieille date. Dans

» les autres tatouages, les autres parties rouges
» ont un aspect luisant (1). »

MM. Berchon et Lacassagne ont indiqué de
nombreux procédés qui ne sauraient avoir leur
place dans notre travail, car, ainsi que nous l'avons
dit, nous ne devons qu'apporter quelques éléments
nouveaux et nous ne nous proposons au début
que de mettre rapidement le lecteur au courant
de la question en la résumant.

Rayer, dans son *Traité des maladies de la
peau*, fait la remarque suivante : « Pourquoi le
tatouage est-il indélébile ? Sur quelle partie du
tissu cutané va-t-il se fixer ? » M. Berchon s'est
efforcé de répondre à cette intéressante question et
nous semble avoir trouvé la solution du problème :

« Il est très facile en premier lieu de s'assurer
» de l'indépendance complète de l'épiderme relati-
» vement aux matières que les instruments ser-
» vant à tatouer déposent dans notre enveloppe
» tégumentaire.... il est un moyen de rendre la
» démonstration plus complète et je l'ai mis à
» profit.

---

(1) « De ces différentes observations, il résulte qu'après
un mois les tatouages ne changent plus d'aspect et paraissent avoir été faits anciennement. »   (Lacassagne.)

» On sait la difficulté croissante dans chaque
» école de médecine d'avoir un nombre suffisant
» de cadavres pour les études anatomiques, et
» diverses méthodes ont été dès longtemps propo-
» sées pour obvier à ce grave inconvénient par la
» conservation prolongée des corps destinés aux
» dissections. Or, parmi ces méthodes, il en est
» une dont j'ai pu constater les bons effets pen-
« dant mes fonctions de chef des travaux anato-
» miques de l'École de médecine navale de Roche-
» fort et qui consiste dans l'emploi d'injections
» d'azotate de zinc, aidées de bains titrés de la
» même substance dans lesquels sont plongés les
» cadavres pendant un temps déterminé. Il arrive
» souvent (et c'est le seul inconvénient de cette
» méthode) que l'épiderme presque entier se déta-
» che, par places, du reste de la peau, de manière
» à former un véritable moule de segments plus
» ou moins étendus du corps ; des membres tout
» spécialement. On peut alors démontrer, pour un
» très grand nombre de dessins tatoués, que la
» couche cutanée épidermique, devenue comme
» transparente, n'entraîne avec elle aucune parti-
» cule colorante *lorsque les tatouages sont anciens.*
» Les images ainsi mises presque à nu, paraissent,
» en même temps, avec un éclat tout particulier.

» J'ai pu, comme M. Hutin, extraire alors de

» l'épaisseur des couches résistantes du derme, de
» véritables incrustations, surtout dans les tatouages
» noirs ou bleus dus à l'emploi de l'encre de Chine
» ou du charbon très divisé. »

Et l'auteur, ayant étudié le tatouage au point
de vue anatomique et physiologique, arrive à des
conclusions relatives à la durée du tatouage qu'il
oppose à celles de M. Tardieu pour les compléter,
non sans les restreindre.

M. Tardieu disait :

« Quelqu'indélébiles que soient réputées et que
» soient réellement, en général, les empreintes du
» tatouage, il est certain qu'elles peuvent disparaître
» spontanément, même après un temps assez court,
» lorsqu'elles ont été faites trop superficiellement,
» sur une partie où le tégument offre peu d'épais-
» seur, et surtout avec des couleurs peu solides,
» telles que le vermillon et les liqueurs végétales
» bleues ou rouges. »

M. Berchon dit :

« Bien qu'il soit hors de doute que des tatouages
» aient pu pâlir, s'effacer partiellement ou même
» disparaître, on se tromperait bien certainemeut
» si l'on admettait qu'il en est souvent ainsi. Nous
» ne savons rien de précis sur la durée absolue

I***

» des images et si l'observation paraît fournir des
» données plus complètes au sujet de la durée
» relative des dessins tracés à l'aide de telle ou
» telle substance, selon tel ou tel mode opératoire...
» etc., etc., rien n'autorise à généraliser des faits
» que l'expérience est loin de confirmer. »

(Berchon. Hist. Méd. du Tatouage. Baillière, 1869).

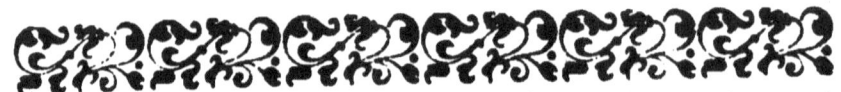

CHAPITRE II

___

Tatouages observés chez des prostituées

Nous allons mettre sous les yeux du lecteur un certain nombre de tatouages. Nous avons obtenu la reproduction des dessins par le simple décalque, d'après le procédé indiqué par M. Lacassagne, procédé très fidèle dans sa simplicité.

Une courte note accompagnera chacun des tatouages indiquant sa situation, ses particularités.

Nous avons, dans le précédent chapitre, exposé le manuel opératoire du tatouage. Une détenue, sur notre demande, nous explique à son tour comment elle le pratique. Nous reproduisons sa lettre, sans en changer les termes. Ce document peut donner une idée de l'instruction des tatoueuses :

Monsieur

Je vous envoyet la description du tatouyâge que vous n'avez demandé

il faut d'abord de l'encre de Chinie et du vif incarnat vous delayé l'encre avec de l'eau ensuite le rouge à part. Vous prenez la partie que vous voulez tatoùyé puis vous tendez très fort la peau ensuite vous prenez trois éguille fini ordinaire puis vous le mettez l'une à côté de l'autre en dèclinant après un tout petit baton très mince puis vous les attacher ensuite vous decinée le dessin que vous voulez faire vous piqué d'abord une partie du dessin 2 ou 3 fois vous prenez un petit chiffons inpibé deau clair et eponçé la partie que vous avec deja piqué de manière a voir votre œuvre réussi. Maintenant sa depent la force du sang de la personne as en as le bras enflé ou la partie que vous tatoùyé sela dure une huitaine de jour

je vous envoyt mes sincères salutation

Augustine La........

Monsieur en cas qu'il y ait quelquechose que vous ne compreniez pas je suis entièrement a votre disposition.

OBSERVATION I

Nommée F., blanchisseuse (fille publique).
Agée de 23 ans.
Formée à 16 ans.
Détournée de ses devoirs à 18 ans et demi.
Père et mère décédés.

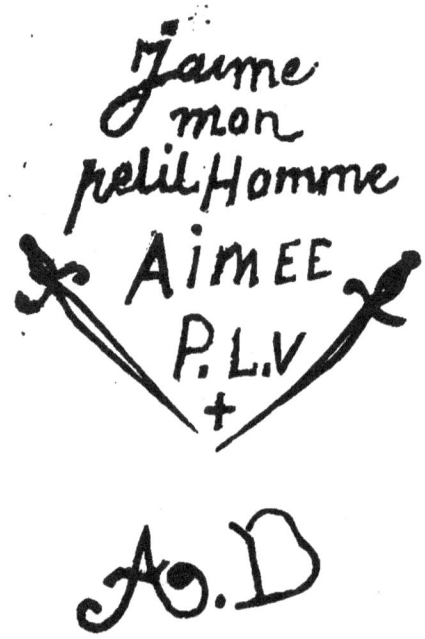

Bras droit.

NOTA. — L'inscription du bras droit indique que le nommé *Aimée* fut l'élu !

P. L. V. est une légende souvent reproduite signifiant pour la vie.

Les deux sabres indiquent que M. *Aimée* était militaire.
A. D. est le successeur.

L'inscription du bras gauche est celle qui se rapporte au troisième titulaire de Mlle F.

J'aime
G. Martin
pour la vie.

Bras gauche.

Pour la vie est écrit en toutes lettres, en opposition à P. L. V.

Mais est-ce plus sincère ??...

Observation II

Nommée B., couturière (fille publique).

Agée de 19 ans.

Formée à 11 ans.

Détournée de ses devoirs à 13 ans.

Père et mère vivant ensemble.

Nota. — Mlle F. de l'observation I avait 23 ans

Mlle B. en a 19.

Soyons persuadés qu'il viendra de nouvelles inscriptions... en effet, pendant la détention à Saint-Lazare, que va faire Émile E .. ? c'est une grande préoccupation que traduit si bien Bruant :

J'Aime Emile E pour la vie.

Bras gauche.

> Vrai de te voir comme ça sans l'sou
> Je m'fais une bile,
> Al' est capable de faire un sale coup,
> J'suis pas tranquille ;
> Ici, tout l'monde est décavé.
> La braise est rare,
> Faut trois mois pour s'faire un linvé
> A Saint-Lazare.

Un *linvé* est un louis de 20 francs. Les détenues font des travaux pour lesquels un entrepreneur leur donne la nourriture et une *légère* rétribution.

Observation III

Nommée N., plumassière (fille publique).
Agée de 29 ans.
Formée à 11 ans.
Détournée de ses devoirs à 15 ans.
Père et mère vivent ensemble.

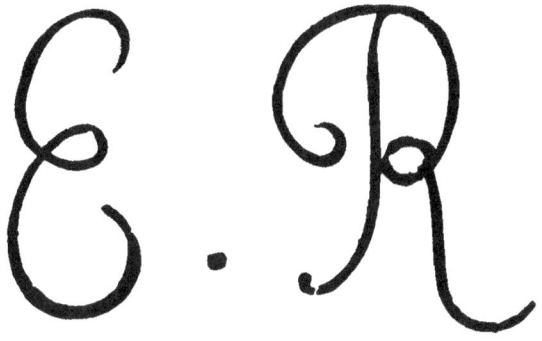

Bras droit.

Nota. — Les simples initiales à 29 ans.... pas d'autres
inscriptions. Il est à prévoir que la « tenue des livres »
eût été difficile !

Observation IV

Nommée C., Blanche, batteuse d'or (fille publique).
Agée de 16 ans et demi.
Formée à 11 ans et demi.

Détournée de ses devoirs à 15 ans un mois.
Père et mère vivant ensemble.

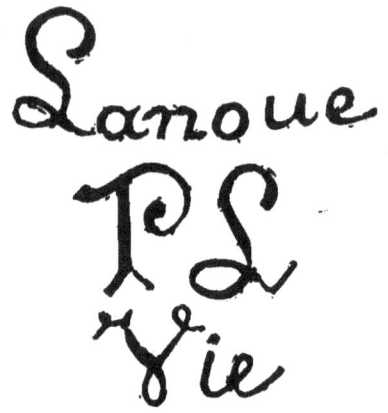

Bras droit.

Nota. — Toujours l'abréviation P. L. V. « Pour la vie.

Observation V

Nommée M., couturière, puis domestique.
Agée de 22 ans.
Formée à 17 ans.
Détournée de ses devoirs?
Père et mère vivent ensemble mais ne vivent plus avec leur fille depuis qu'elle a 14 ans et demi.
Tatouée à 12 ans par son frère.

Arrêtée pour excitation de mineurs à la débauche
(non jugée).

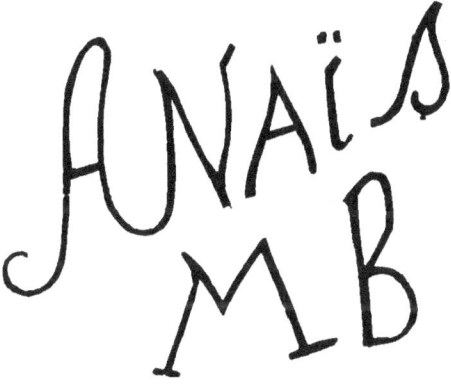

Bras gauche.

NOTA. — Une simple inscription au bras gauche. Un
nom de femme.. .. la conclusion est facile à tirer.

OBSERVATION VI

Nommée C., Henriette, cartonnière (fille insoum.).
Agée de 19 ans.
Formée à 15 ans.
Détournée de ses devoirs à 17 ans.
Père et mère vivaient ensemble (père décédé).
Tatouée à 18 ans par une femme.

NOTA. — Le cœur, une flèche. des initiales ; voici l'inscription du bras droit. il n'y a pas à désigner ici la
signification de ce tatouage.

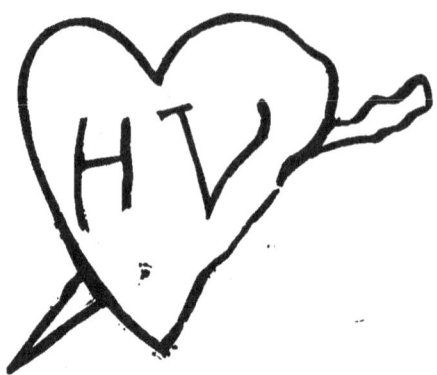

Bras droit.

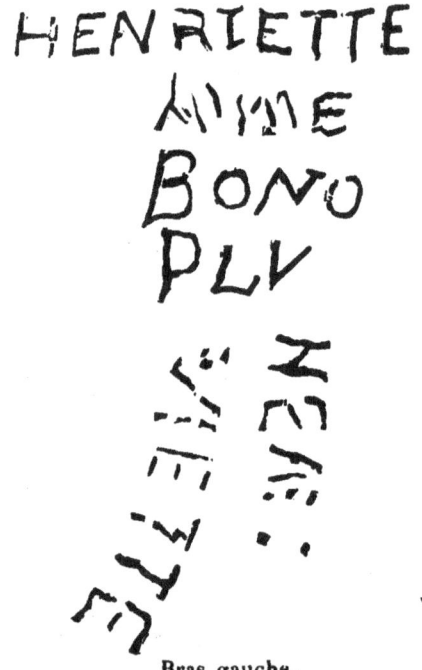

Bras gauche.

Au bras gauche, toujours le P. L. V.

Un éternel amour à Bono, c'était juré lorsqu'est apparu l'irrésistible Viette!!!

OBSERVATION VII

Nommée F., Alphonsine (fille publique *inscrite sur sa demande*).

Agée de 18 ans.

Formée à 15 ans.

Détournée de ses devoirs à 15 ans.

Ses parents vivaient ensemble. Sa mère est morte ; elle vivait avec son père.

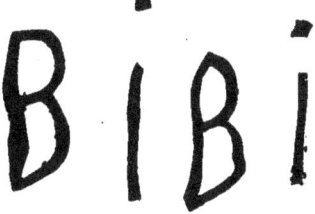

Bras gauche.

NOTA. — Au bras gauche : BIBI le nom de la détenue qui porte le tatouage : Alphonsine.

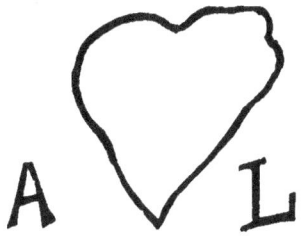

Avant-bras droit.

Il est facile de deviner que :

     Ça se passait à Belleville.....

Observation VIII

Nommée A., Louise, fleuriste (fille publique).
Agée de 17 ans.
Formée à 14 ans.
Détournée de ses devoirs à 15 ans et demi.
Père et mère décédés, vivaient ensemble.

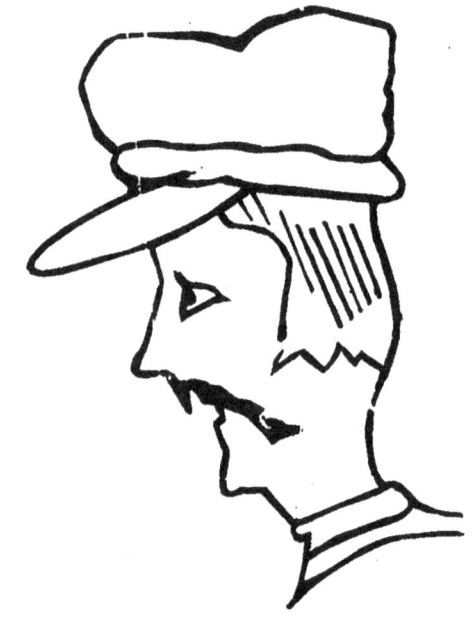

Bras droit.

Nota. — Au bras droit :
   un profil qui sent aussi son pays d'origine.
A l'avant-bras droit :
   un cœur et *AL,* nom de notre héros.

2*

Avant-bras gauche :

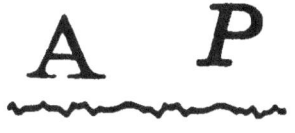

Avant-bras gauche.

le successeur....

à moins que la main gauche n'ignore ce que donne la main droite....

OBSERVATION IX

Nommée L., Désirée, couturière (fille publique).

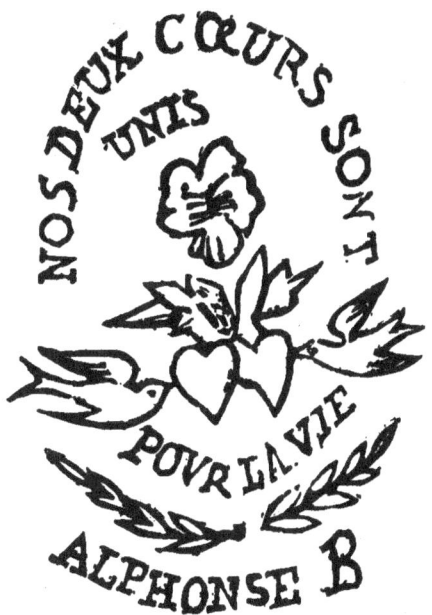

Bras droit.

Agée de 22 ans.

Détournée de ses devoirs à 19 ans.
Mère, marchande, honorable.
Arrêtée sous l'inculpation de vol (non jugée).

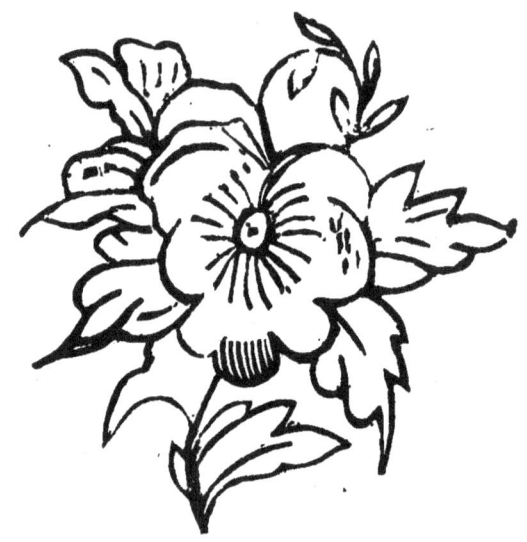

Bras gauche.

NOTA. — Les deux cœurs sont unis pour la vie et les tourterelles ne se fuient pas; les fleurs, ce sont deux pensées, viennent témoigner d'une parfaite « Lune de miel. »

OBSERVATION X

Nommée R., Eugénie.
Agée de 25 ans.
Détournée de ses devoirs à 15 ans.
Inculpée de vol (non jugée).

Mère décédée ; père vivant, a abandonné sa fille.

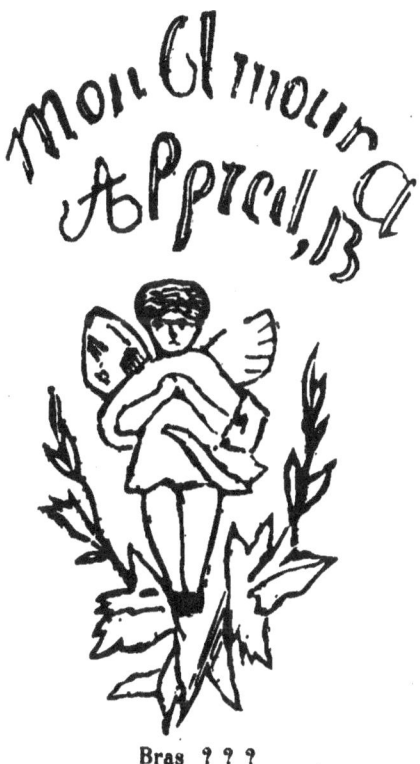

Bras ? ? ?

NOTA. — Un amour qui vient, de la déclaration même de Mlle Eugénie X., sur une branche de lierre.
« Je meurs où je m'attache. »

OBSERVATION XI

Nommée C., Victorine, brocheuse.
Agée de 18 ans.
Formée à 14 ans.

Détournée de ses devoirs à 17 ans.

Père et mère décédés. Habite chez sa grand-mère.

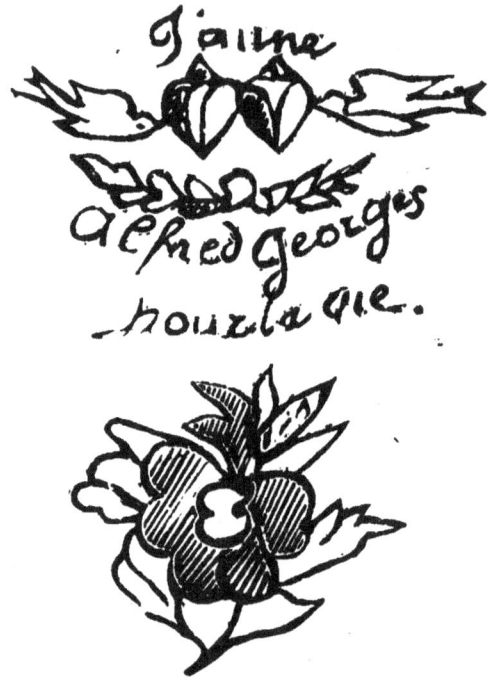

Bras gauche.

Nota. — Deux cœurs, deux colombes.

Une branche dont nous ne saisissons pas la signification. Elle doit avoir cependant un autre but que la simple décoration?

La pensée.

OBSERVATION XII

Nommée F., Olympe (fille publique).

Agée de 19 ans et demi.

Détournée de ses devoirs à 18 ans.

Père et mère, ouvriers, vivent ensemble.

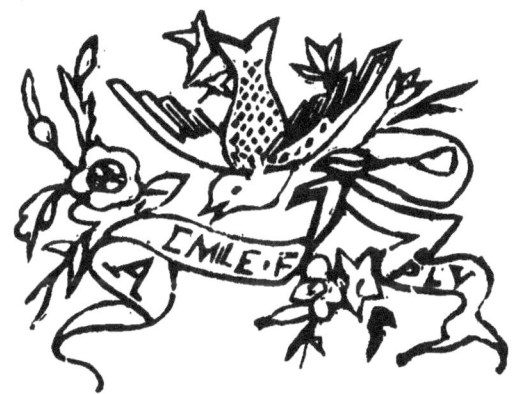

Bras droit.

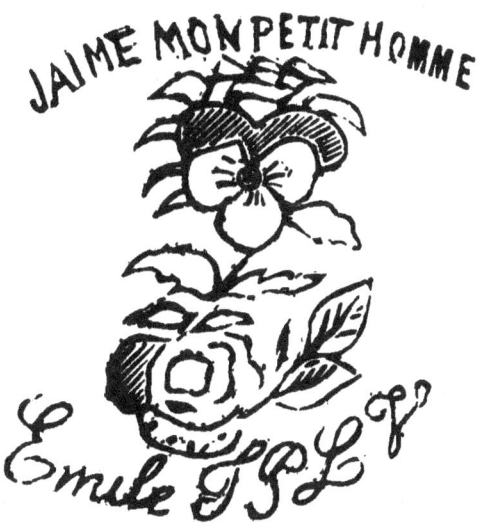

Bras gauche.

NOTA. — Une rose..., Emile F., P. L. V. reparaît. Une colombe.

Le bras gauche n'est qu'une variété répétant encore le profond amour P. L. V. pour Emile F.

Observation XIII

Nommée X. (fille publ. de maison de tolérance).
Agée de 20 ans.

Ne donne d'autres renseignements que celui de la date du tatouage, fait il y a trois ans au Transvaal.

Arrêtée pour vol (non jugée).

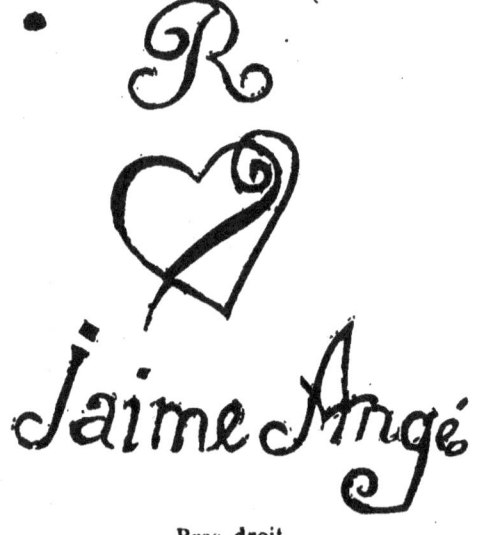

Bras droit

Nota. — R. surmonté d'un cœur sur lequel est un point d'interrogation..... Angé survint !

Observation XIV

Nommée D., couturière (fille publique).
Agée de 22 ans.

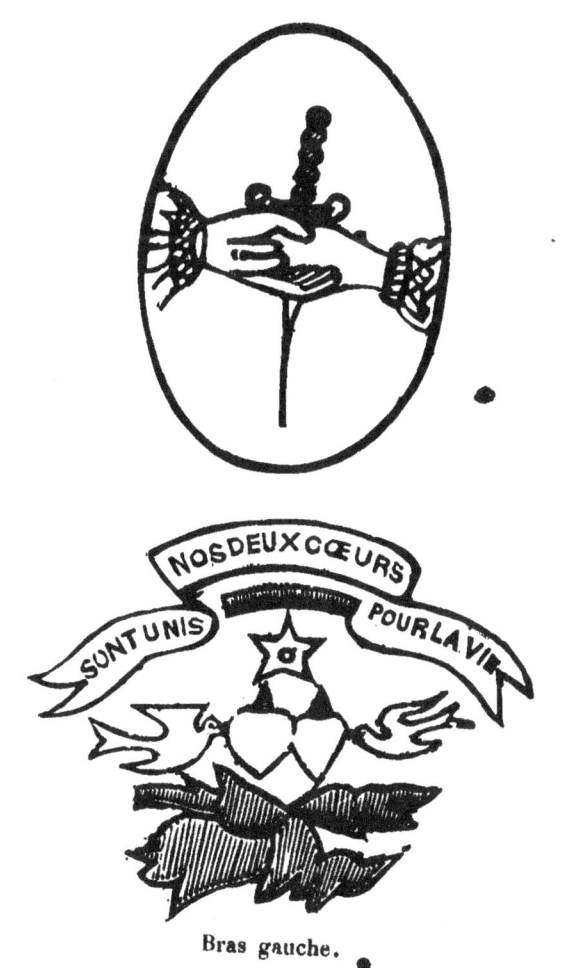

Bras gauche.

Formée à 13 ans.

Détournée de ses devoirs à 15 ans.
Père et mère vivant ensemble.

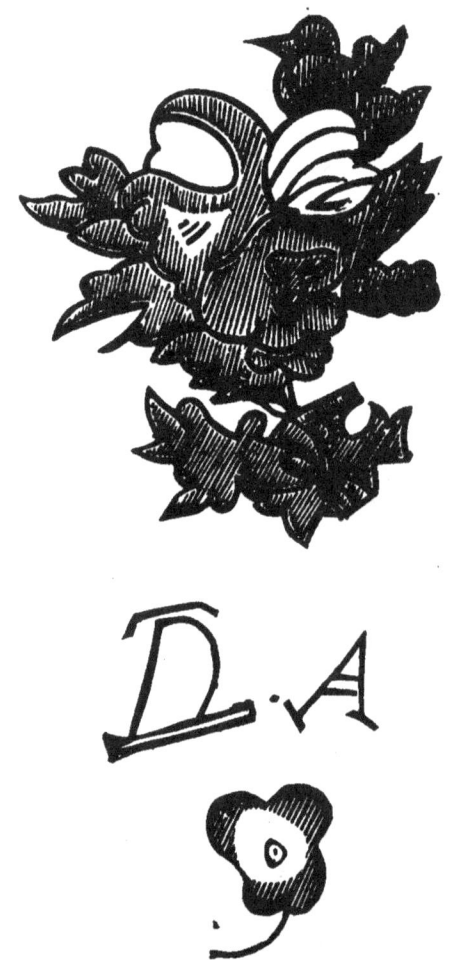

Bras droit.

NOTA. — Les deux mains indiquent une union et le
poignard est l'indice qu'une séparation serait terrible.

L'inscription, au dessous de laquelle est une étoile,
indique — déclaration de la détenue — qu'il a « fait les
colonies » et qu'il est médaillé.

D. A. sont ses initiales.

Observation XV

Nommée G., Julie (fille depuis cinq ans).

Agée de 25 ans.

Père et mère décédés.

Inculpée de vol.

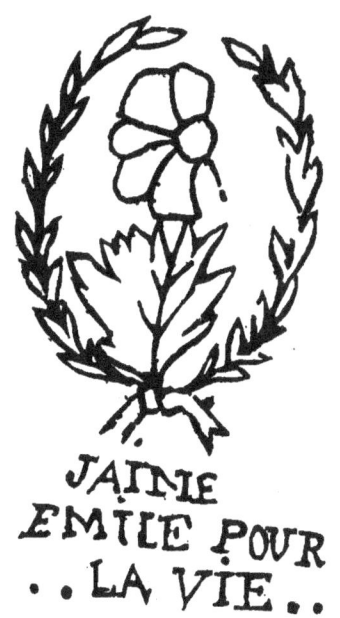

JATNIE
EMILE POUR
.. LA VIE ..

Bras gauche.

Nota. — Une pensée et du laurier ?

OBSERVATION XVI

Nommée Fr., Louise (fille).

Agée de ?

Condamnée à un mois pour coups et blessures.

Père et mère vivent séparés (Se dit poussée par le mauvais exemple de sa mère).

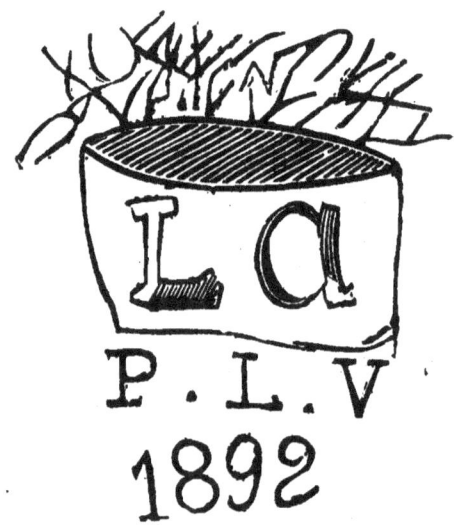

Bras gauche.

NOTA. — Un pot de fleurs (il faut le savoir).
        P. L. V.
        Une pensée
        A. L.
Rien de nouveau à signaler dans cette inscription.

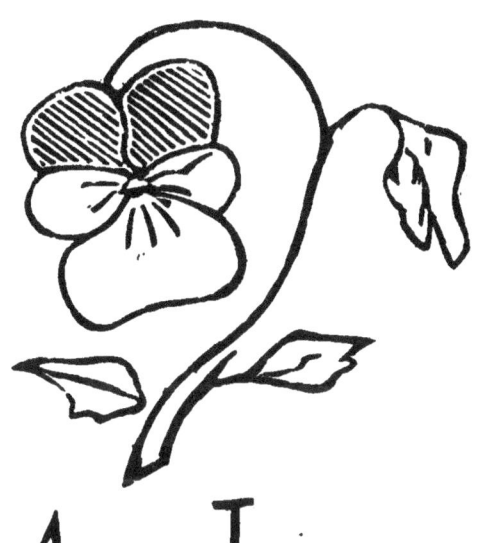

A . L

Bras gauche.

J'AIME

L. A.

POUR LA
ViE

ARISTIDE

Bras droit.

OBSERVATION XVII

Nommée J., Jeanne, doreuse (fille publique).
Agée de 19 ans.
Formée à 16 ans.

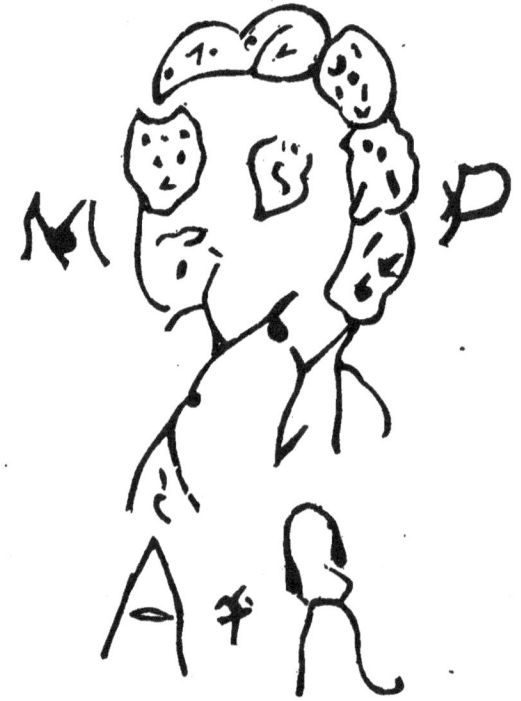

Bras droit.

Détournée de ses devoirs à 16 ans.
Père et mère vivant ensemble.

Nota. — Au bras droit : Un médaillon et M. P.

2***

CAIME
ALPHONSE
POUR LA VIE
1899

Bras gauche.

..... Survint Alphonse (bras droit et bras gauche).

OBSERVATION XVIII

Nommée L., Marie.

Agée de 18 ans.

Formée à 15 ans.

Détournée de ses devoirs à 16 ans et demi.

Père et mère ne vivent pas ensemble.

Tatouée par un ami.

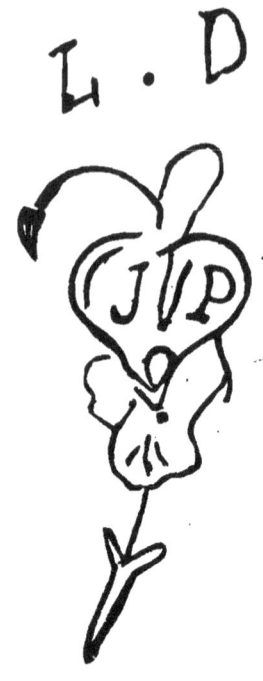

Bras gauche.

Nota. — L. O.
J. P. et une pensée succ^re.

Observation XIX

Nommée F., Henriette, blanchisseuse (fille).
Agée de 21 ans.
Formée à 15 ans et demi.
Détournée de ses devoirs à 19 ans et demi.
Père et mère divorcés.

Nota. — La confusion du dessin indique une surcharge.

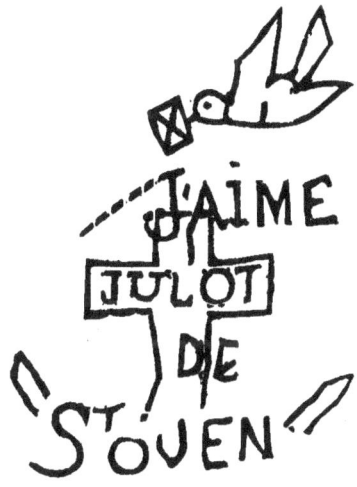

Bras droit.

En effet Julot avait fait l'inscription première. Il mourut. Une croix indique les regrets éternels !

Observation XX

Nommée Du..., Louise, bijoutière (fille).

Agée de 23 ans.

Formée à 20 ans.

Détournée de ses devoirs à 16 ans.

Père et mère vivent ensemble, mais ne reçoivent plus leur fille.

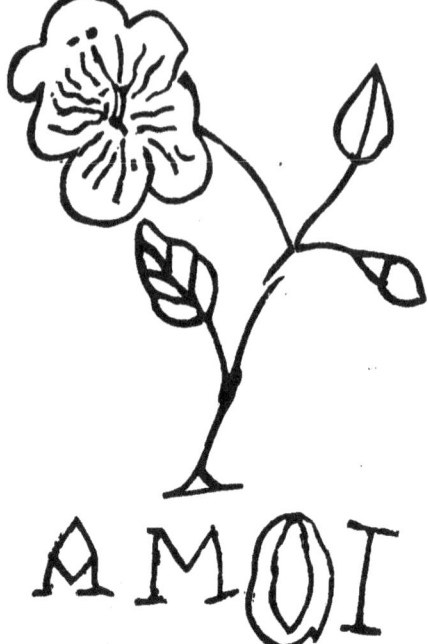

Avant-bras droit.

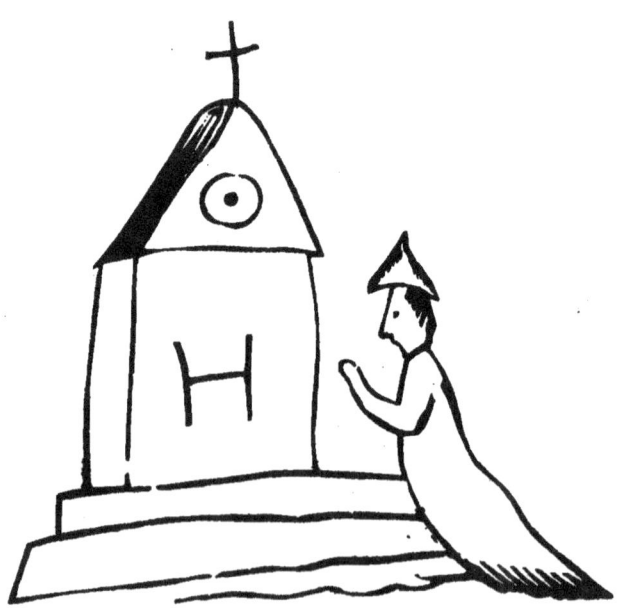

Avant-bras gauche.

Noτa. — Une pensée et A moi. *Il* est mort aussi et
sa... veuve éplorée s'agenouille auprès de sa tombe !

Observation XXI

Nommée R., couturière (fille).
Agée de 29 ans.
Formée à 10 ans.

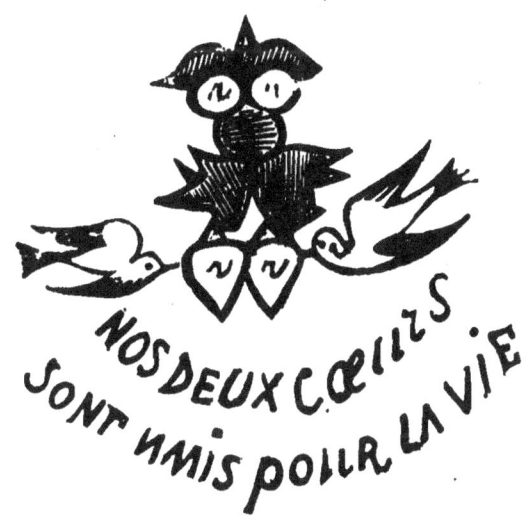

Épaule gauche.

Détournée de ses devoirs à 13 ans.
Père et mère vivant ensemble.

Observation XXII

Nommée La... (fille).
Agée de 24 ans.

Formée à 13 ans.
Détournée de ses devoirs à 15 ans.

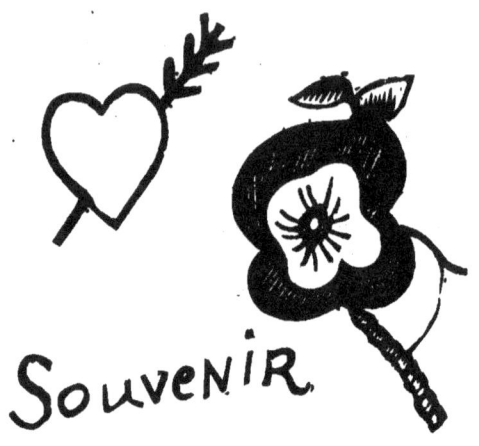

Bras gauche.

Père et mère vivaient ensemble; père décédé.

OBSERVATION XXIII

Nommée Vin....
Agée de 20 ans.
Formée à 13 ans.
Détournée de ses devoirs à 14 ans.
Père et mère décédés.

NOTA. — Une pensée surmontée par un cœur.

L'expression *Petit Mec* est de pur argot et signifie que la détenue Vin..... fait vivre le ménage.

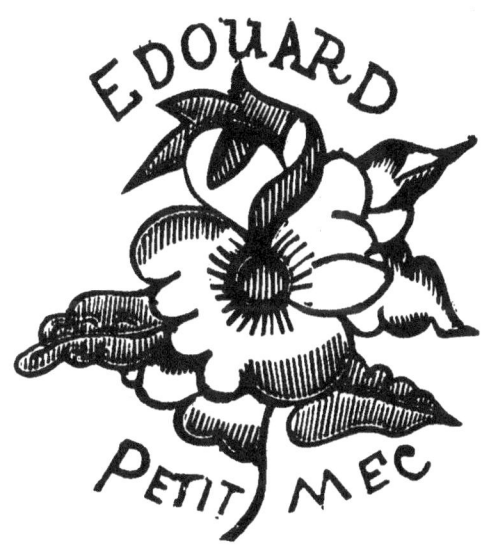

Bras droit.

EDOUARD

Bras gauche.

Nous venons de donner une série de vingt-trois observations dans lesquelles nous prenons toujours le même questionnaire. En multipliant ces recherches, on ne ferait que démontrer plus encore combien l'influence du milieu se fait sentir et combien les prostituées, que la prison attend si souvent, se trouvent entraînées par l'exemple même de l'inconduite de ceux qui les entourent.

Malheureuses créatures qui fréquentent les lieux de « plaisir » qui, cependant, savent bien que le bonheur n'est pas toujours fait pour elles, ainsi que le témoigne cette mélancolique inscription :

PAS DE

CHANCE

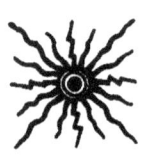

CHAPITRE III

Essai sur la classification des tatouages

On peut se rendre compte, en parcourant le chapitre précédent, de la ressemblance qui existe entre certains tatouages. Nous allons donc essayer de les grouper par catégories.

J'aime Isidor Verdier pour la vie

La simple désignation, par son nom ou ses initiales, de l'amant d'une prostituée, est de beaucoup la plus fréquente. Une telle inscription se rencontre rarement ailleurs qu'à l'avant-bras ou au bras. Le « grain de beauté » au visage révèle généralement la présence de tatouages plus importants.

Auguste Dugais

J'AIME

ŒORGES.HÉE.

J'aime Mon homme Marcus P L V

La simplicité de l'inscription indique assez que

c'est l'amant qui a fait le tatouage, dans les exemples rapportés ici.

L. G.

On trouve parfois des inscriptions étranges : témoin cette prostituée qui n'aimait que *ses semblables* et qui accolait le nom de Jésus à celui de *sa meilleure amie*. Par un jeu de mot elle associait le nom de Jésus à celui de *Margot* et non à celui de *Marie!*

1897
Jesus
et
Margot
P.L.V

On peut, dans certains signes qui accompagnent les inscriptions, trouver une indication de la profession de celui auquel elle est consacrée. Nous voyons,

2***

dans le tatouage ci-dessous, une ancre. Il est donc fait allusion à un marin ou tout au moins à un militaire qui est affecté au service de la marine.

Le *cœur* accompagne souvent l'inscription et plus tard, lorsque la séparation sera venue, une flèche indiquera la meurtrissure (voir plus loin).

Le portrait forme aussi une catégorie intéressante, celui que nous reproduisons ci-dessous est curieux, dans sa naïveté, comme type rôdeur de barrière : la femme qui avait ce portrait se plaisait à dire qu'elle vivait avec son amant, même en prison et, pinçant et tirant sa peau, elle le faisait sourire (il était content d'elle) ou grimacer de

♡ .189!
J'AIME
ALP. LEV
COSTO
POUR LA VIE

différentes manières pour rendre les expressions de son état moral d'après la conduite de celle qu'il accompagnait toujours et partout.

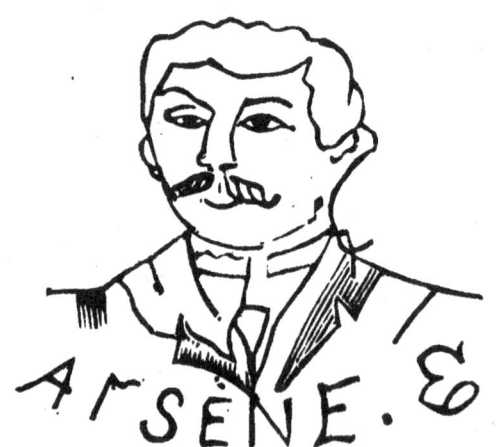

Très comique aussi l'exemple suivant où se retrouve encore la tête du loustic parisien.

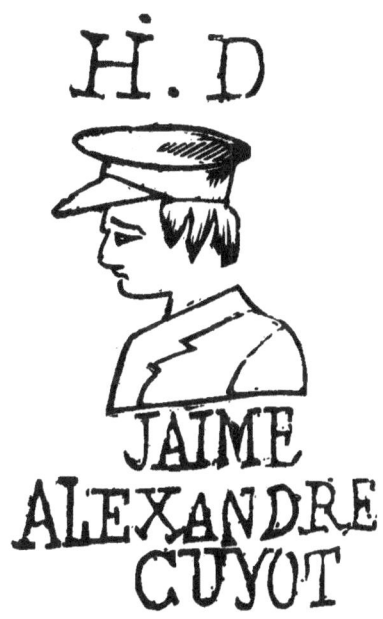

Ici, une allégorie : l'attente de l'amant parti au service est intéressante, dans sa simplicité.

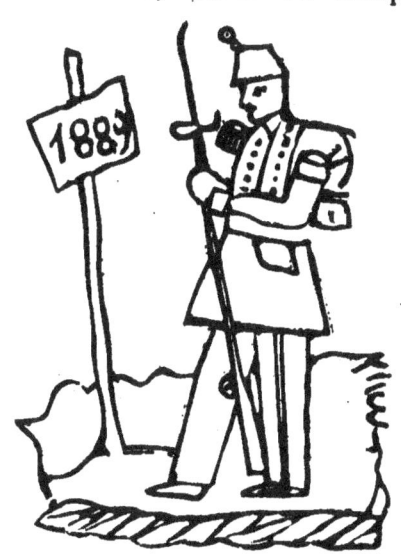

Comme nous le disions, le cœur percé d'une flèche indique la rupture ; au bras droit une inscription vient témoigner au nouvel élu de la confiance de sa maîtresse.

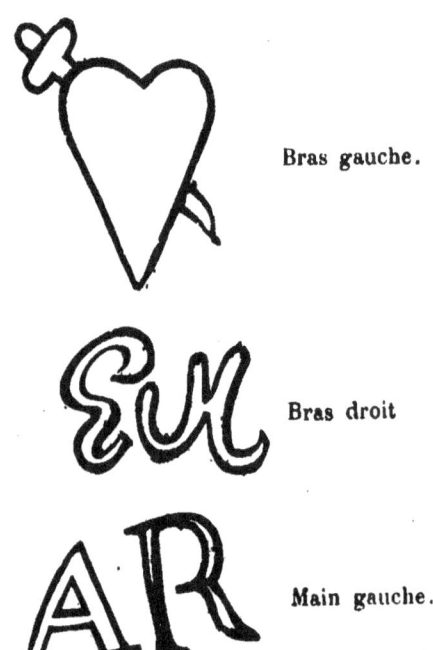

Bras gauche.

Bras droit

Main gauche.

Le tatouage suivant, assez incohérent, est l'indice certain de nombreux épisodes :

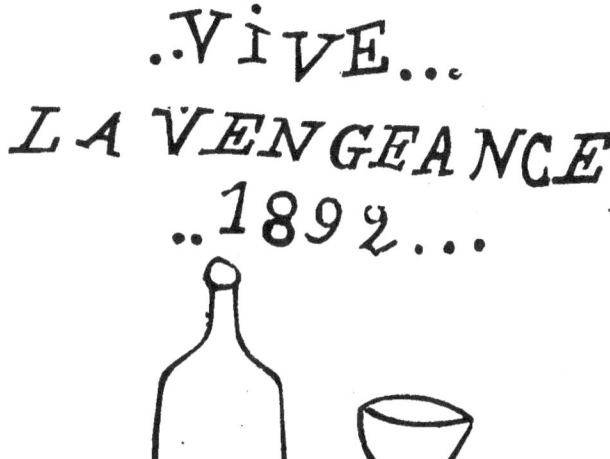

Enfin que de drames intimes sont révélés par
l'existence de la simple inscription suivante !...

Le moment de la rupture a été suivi d'idées violentes, puis le chagrin a été atténué par le vin et c'est bien là un sérieux indice de l'état de déchéance morale du sujet.

Nous venons de parcourir ainsi rapidement les formes de tatouages pratiqués par les femmes elles-mêmes ou par leurs amants. Ce sont bien les plus intéressants, car ils sont le reflet des pensées de la personne qui les porte. Examinons maintenant les œuvres des professionnels.

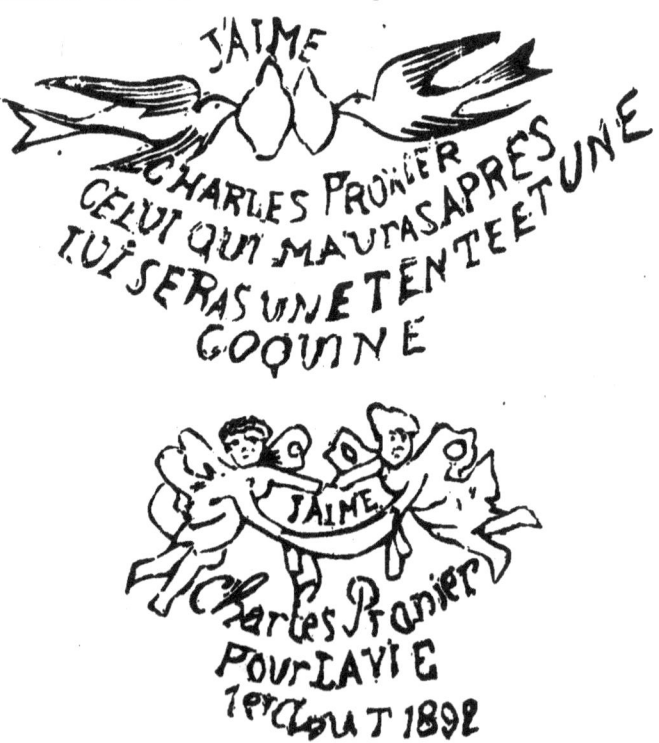

D'abord nous voyons l'œuvre d'un tatoueur sur

sa maîtresse. Il n'est point besoin de connaître l'argot pour saisir l'insulte à l'adresse du successeur du dit Charles Prunier....

Les déceptions, les fâcheries sont encore révélées ici :

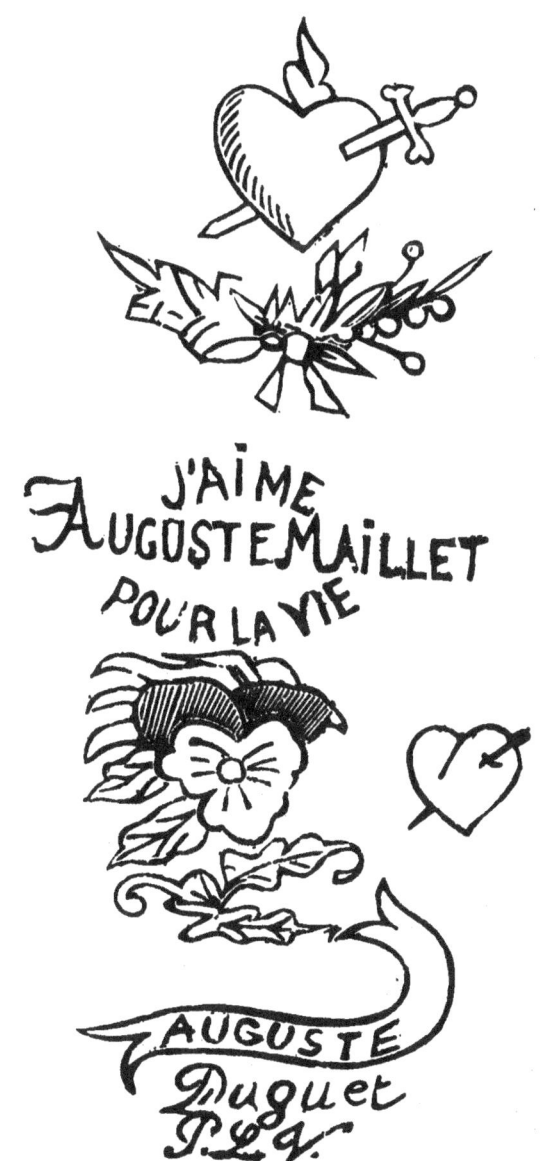

Parcourons un peu les échantillons de l'album du tatoueur : La pensée est très fréquente.

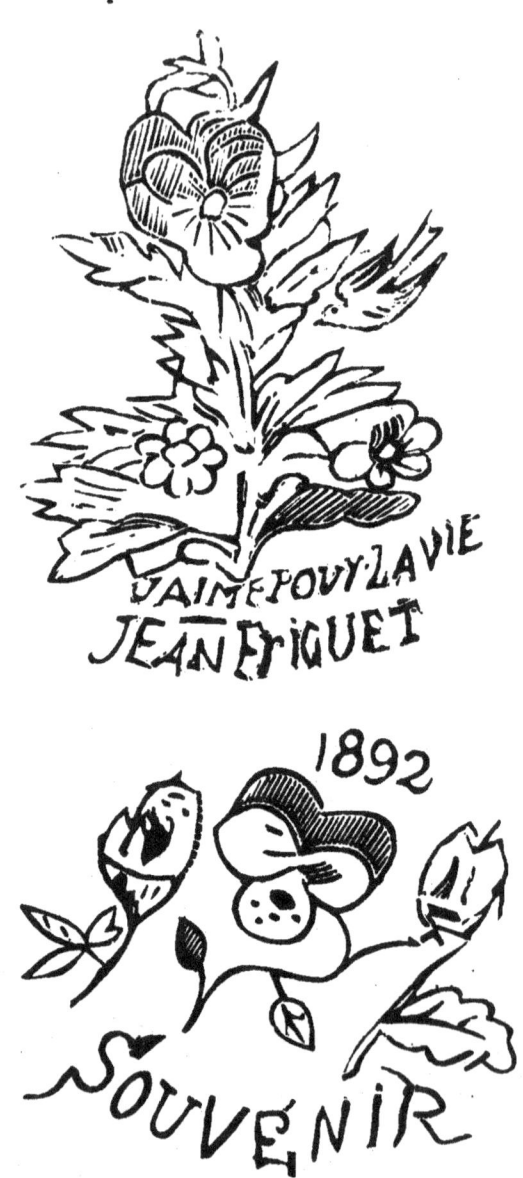

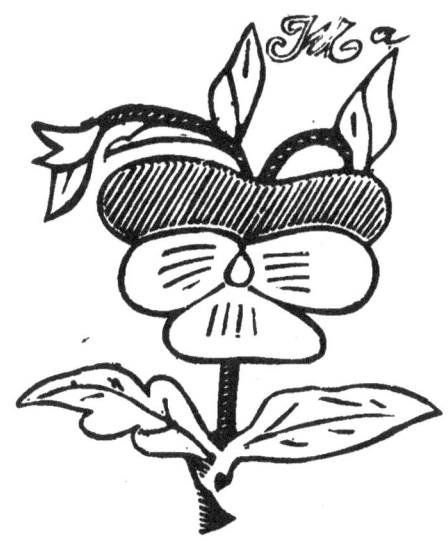

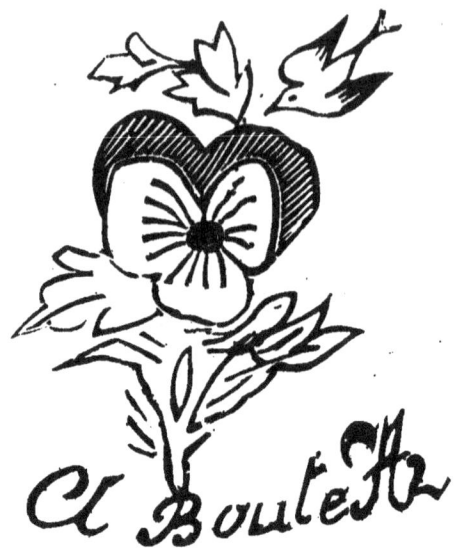

....accompagnée parfois d'ornements variés.

Le pot de fleurs est lui-même en vogue :

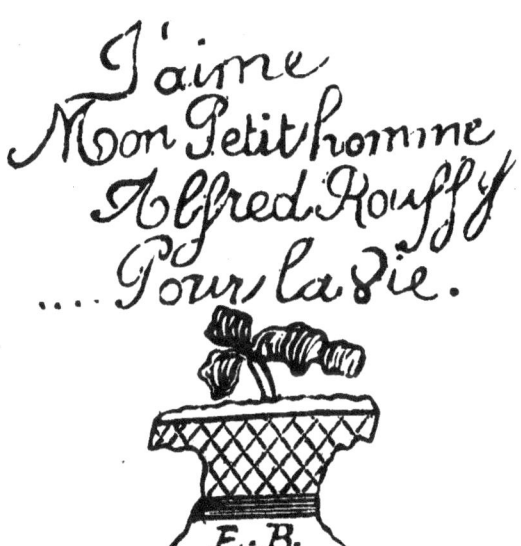

Voici un exemple de tatouage soigné, le pot de fleurs contient une pensée et le messager vient apporter la lettre attendue :

Très appréciés sont les modèles où figurent des amours :

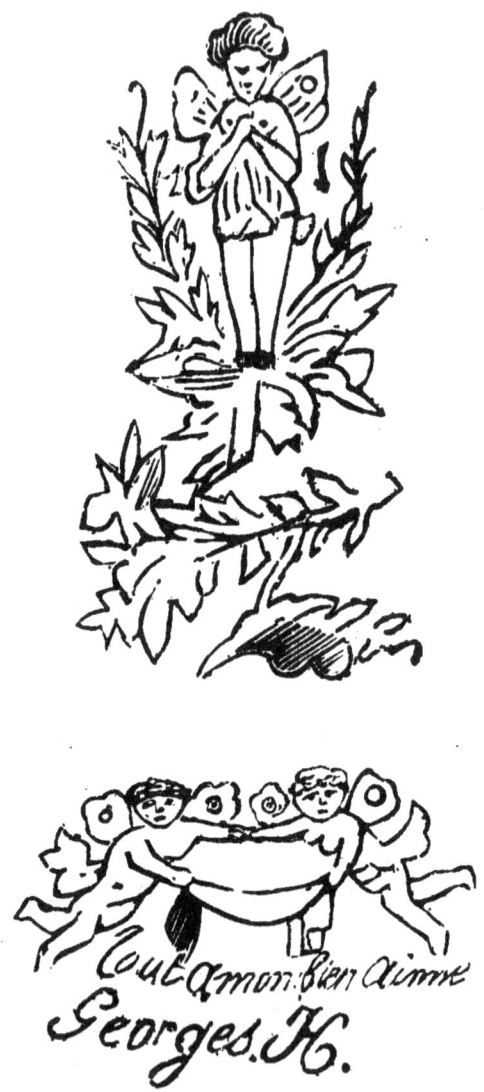

L'oiseau seul indique l'absence prolongée de
l'amant :

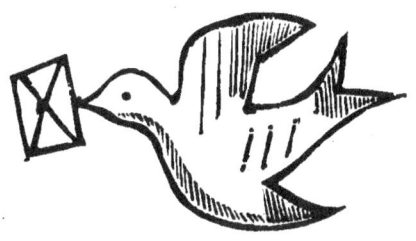

La bague, les bracelets sont de simples ornements assez appréciés :

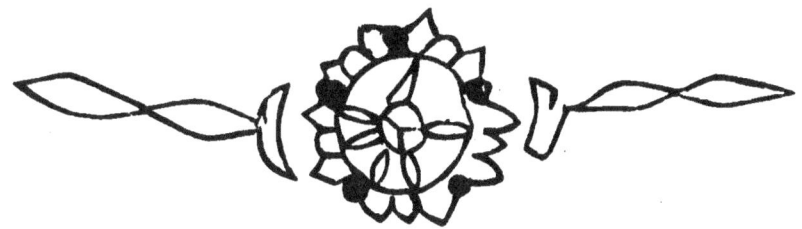

Il resterait une dernière catégorie, que nous ne
pouvons reproduire ici : celle des inscriptions
ordurières, assez rares cependant. Dans l'observation XXIV nous pouvons, aux initiés de l'argot,
donner un avant-goût de l'ignominie de ces inscriptions.

OBSERVATION XXIV

Nommée D...

THÉRÈSE
AIME
AUGUSTE
P.L.V.

Bras gauche.

J AIME
LA BITE.

Bras droit.

Agée de 19 ans.

Premières règles à 13 ans.

THÉRÈSE AIME SOURIS PL·V·

Détournée de ses devoirs à 15 ans.
Père et mère vivent ensemble.

M. le Dr Ohmann-Dumesnil a proposé la classification suivante des tatouages, basée sur les caractères distinctifs du genre des dessins :

    A. — Tatouages ornementaux ;
    B. — Tatouages symboliques ;
    C. — Tatouages d'amateurs ;
    D. — Tatouages obscènes ;
    E. — Tatouages variés.

Cette classification peut, on le voit, être adoptée
pour l'étude que nous poursuivons ici.

CHAPITRE IV

Du détatouage

On peut facilement apprécier, par la rapide incursion que nous venons de faire, en vue d'un groupement des tatouages chez les professionnelles de l'amour, a quel bas degré de l'échelle sociale descendent les victimes de cette pratique barbare.

Très rares sont les femmes, dans leur jeunesse tout au moins, qui admettent la possibilité de se séparer de leur tatouage : elles refusent énergiquement de connaître et d'employer les moyens de faire disparaître ces marques ; bien plus, souvent elles désirent augmenter leur collection, témoin cette détenue, qui, portant au bras une inscription, attendait fièvreusement sa libération pour que son cousin, un artilleur, enlace tout son corps d'un serpent. Cette malheureuse fille était atteinte d'une terrible maladie vénérienne ; elle n'avait que 18 ans à peine ; comme nous lui

demandions si son cousin, comme juste rémuné-
ration de sa peine, n'avait pas quelques droits à
ses faveurs, elle s'écria :

-- Oh ! monsieur, dans l'état où je suis..... jamais !

Elle avait donc encore certains bons senti-
ments. Son but n'était-il pas, dans un tatouage
général, de. cacher les stigmates de sa maladie?

Il nous faut puiser encore dans les patientes
recherches de M. Berchon, pour envisager la question si ancienne de la disparition des tatouages
dans le but, soit de substituer une nouvelle inscription à celle qui précédait, soit de se débarrasser
de cette tare.

Le tatouage peut disparaître naturellement, la
chose est rare cependant, et ce sont surtout les
tatouages rouges qui jouiraient plus spécialement
de cette propriété : encore dans une autopsie
pourrait-on retrouver dans les ganglions lympha-
tiques des particules colorantes indiquant que
l'absorption serait la cause de la disparition.

Le tatouage peut être rendu plus ou moins
méconnaissable par une amplification du dessin
primitif qui ne devient qu'un accessoire, dissimulé
par la juxtaposition d'une nouvelle inscription plus
énergiquement tracée. Le procédé grossier d'une
simple peinture à l'huile pratiquée au moment

prévu d'une visite, représente le mode de dissimulation le plus simple.

Le tatouage enfin peut être effacé, et c'est ici que nous allons céder la plume aux auteurs que M. *Berchon* a su retrouver.

M. *Parent-Duchâtelet*, dans son livre *la Prostitution dans la ville de Paris*, s'exprimait ainsi :

« Depuis quelques années les prostituées ont
» trouvé le moyen d'effacer ces inscriptions, de
» sorte que, en inscrivant un nouvel amant, on
» efface celui qui l'a précédé. Elles emploient,
» dit-on, pour cela, le bleu en liqueur qui n'est
» que l'indigo dissous dans l'acide sulfurique. A
» l'aide d'un pinceau elles en frottent la partie
» maculée, l'épiderme s'enlève et avec lui la par-
» tie du chorion sur laquelle avait été fixé le
» corps étranger colorant. Il ne résulte de cette
» opération qu'une petite cicatrice nullement dif-
» forme, un peu moins colorée que la peau qui
» l'entoure et légèrement frippée. Dans la prison
» des Madelonnettes, j'ai pu constater l'existence
» de 15 de ces cicatrices sur le bras, la gorge et
» la poitrine d'une fille qui n'avait que 25 ans. »

M. *Hutin* attribue aux frottements répétés la propriété de faire disparaître le tatouage.

L'emploi des vésicatoires judicieusement appliqués, à des intervalles suffisants pour que la réparation complète des désordres que produit chacun d'eux ait le temps de s'effectuer, paraît être un moyen assez sérieux lorsque le tatouage est superficiel. Il présente des dangers tant au point de vue général qu'au point de vue local ; de plus, on ne peut pas affirmer qu'il ne laisse jamais de cicatrices. La vésication peut se faire soit par des agents chimiques, soit par des agents physiques dont le « marteau de Mayor », marteau plongé dans l'eau bouillante et appliqué sur le tatouage, paraît représenter le moyen le plus parfait, en tout cas le moins dangereux, dans cet ordre d'idée.

C'est en combinant la *piqûre* aux différents agents chimiques qu'on obtient le résultat le meilleur. M. Berchon donne à l'appui de cette affirmation l'observation suivante :

Le H., matelot de deuxième classe, se présente en mars 1862 à ma visite, et mon attention est immédiatement attirée par un gonflement considérable de l'avant-bras droit. Je crois d'abord à un tatouage datant de peu de jours, mais, examen fait des lignes tatouées, je distingue qu'elles n'offrent pas les caractères ordinaires de l'opération récente et qu'on peut discerner, avec quelque précaution, les points bleus d'un dessin ancien soulevés, pour ainsi dire, par des points rouges dus à l'introduction d'une substance irritante sous les premières matières colorantes. J'apprends alors, en questionnant le sujet, qu'il a voulu se débarrasser d'une image de matelot dessiné debout, les mains appuyées sur une ancre assez grande. Ce dessin date de huit ans. Le tatoueur a eu recours à une masse rougeâtre de nature inconnue au tatoué, mais d'action très caustique. Je constate un gonflement œdémateux des tissus. La coloration bleue du premier tatouage n'existe plus, la peau présente un aspect rose clair ; les lignes tatouées sont sensiblement saillantes au-dessus du reste de la peau et laissent suinter un pus séreux. Le succès ne sera pas tout à fait complet, mais rien, dans l'état local, ne peut faire supposer qu'il s'établira une cicatrice adhérente ou même apparente (ce qu'un examen fait après plusieurs mois nous a prouvé).

M. Tardieu, dans un rapport médico-légal et dans une expérience personnelle d'effacement de tatouage par l'emploi successif d'axonge saturé d'acide acétique et de frictions avec une solution de potasse, formule les conclusions suivantes :

« Il est donc permis de regarder ce procédé
» comme très efficace, mais il importe de faire
» remarquer que, quelque perfectionné qu'il soit,
» il laisse des traces et peut fournir encore, quelque
» effacées qu'elles paraissent, des preuves d'iden-
» tité. »

C'est aux temps les plus reculés que les essais de destruction des tatouages furent entrepris :

« Les femmes Thraces, désespérant de pouvoir
» détruire les marques que leur avaient imposées
» les femmes Scythes, s'étaient avisées d'adopter
» ces signes comme un ornement en multipliant
» les dessins, en modifiant sans aucun doute les
» premières images, de manière à voiler sous la
» renommée d'une beauté le souvenir humiliant
» de l'affront qu'elles avaient subi. »

Aetius formule ainsi :

« Or, quand nous voulons effacer dans la pro-
» fondeur de la peau les stigmates de ce genre,
» nous nous servons des mixtures suivantes :
» Broyez

     » de chaux. ..... 1 partie
     » de pastel rôti... 1 partie

» avec les lessives des foulonniers.

» Préparez et nettoyez la région en l'aspergeant
» de nitre, essuyez et faites des onctions répétées.

» Autre moyen de détruire les stigmates :

     » poivre   2 drachmes
     » rue   4   »
     » orpiment 4   »

» pulvérisez après avoir ajouté du miel et mettez

» dans un pot de terre. Quand on voudra s'en
» servir, placer d'abord sur le stigmate préalable-
» ment frotté de nitre, de la résine de térébenthine ;
» laissez ce topique en place pendant cinq jours ;
» le sixième *enlevez-le et percez les stigmates avec*
» *un instrument pointu*, nettoyez le sang avec une
» éponge et saupoudrez les piqûres ainsi produites
» de sel très ténu que vous laisserez en place le
» temps qu'un homme peut en mettre à parcourir
» 10 stades à la course. Ensuite, appliquez le mé-
» dicament indiqué ; ne l'enlevez pas pendant cinq
» jours ; le sixième levez-le et nettoyez les stigmates
» en les grattant. Dès que vous aurez enlevé ce
» qui sera noir, faites une nouvelle onction de la
» préparation avec une plume. Il y aura pendant
» vingt jours, autour de la région, une grande
» ulcération sans qu'aucun vestige de cicatrice per-
» siste. *Medicœ artis principes…. Aetii.* »

Ce temps indiqué « qu'un homme peut mettre
» à parcourir 10 stades », ressemble au délai que
fixe le paysan au promeneur qui lui demande s'il
est bientôt arrivé à destination : vous en êtes
encore à une bonne pipe !

Nous n'osons dans l'état actuel de la science,
recommander cette formule de Paul d'Egine :

« Tu guériras les stigmates si tu les enduis des

» lies d'urine qui adhèrent à l'urinoir, mêlées de
» vinaigre très fort. »

Un moyen que nous avons eu l'occasion d'essayer personnellement et qui donne un résultat
certain (laissant cependant de petites cicatrices blan-
châtres presque imperceptibles), consiste dans l'application de l'acupuncture électrique pour l'effacement
des tatouages. Voici le manuel opératoire indiqué
par MM. Chardin et Foveau de Courmelles :

« *Biélectrolyse contre les tatouages* avec aiguilles
» imprégnées successivement de tannin et d'un sel
» d'argent.

» Pôle positif à l'aiguille.
» Pôle négatif en pôle perdu.
» Intensité du courant de 5 à 10 milliampères. »

Procédé de choix. — Le docteur Variot a proposé une méthode de détatouage qui a été employée
avec succès, et améliorée par M. le docteur Jullien,
médecin de Saint-Lazare. De nombreuses observations ont été publiées dans la thèse de M. le docteur
Bailliot qui démontrent l'efficacité du procédé
que nous allons exposer :

« J'enduis ou je badigeonne, dit le docteur
Variot, les parties de peau tatouée avec une solution concentrée de tannin, puis, à l'aide d'un jeu
d'aiguilles, comme en fabriquent les tatoueurs, je
fais des piqûres très serrées sur toute la surface

de la peau que je veux décolorer, en ayant soin
d'empiéter sur la peau incolore. J'introduis ainsi
dans la partie superficielle du derme une certaine
quantité de tannin. L'emploi du tannin dans ce
premier temps de l'opération a l'avantage d'être anti-
septique, hémostatique, et de servir de mordant
au caustique.

» Je passe, en frottant fortement, sur toutes les
parties que j'ai piquées au tannin, le crayon de
nitrate d'argent ordinaire, je laisse pendant quelques instants la solution concentrée de sel d'argent
agir sur l'épiderme et le derme jusqu'à ce que je
voie les piqûres se détacher en noir foncé. J'essuie
alors la solution caustique ; la surface tannée est
devenue noire par formation d'un tannate d'argent
qui s'est produit dans les couches superficielles du
derme. Il convient d'assurer la dessiccation de l'escarre pendant les trois premiers jours, en la sau-
poudrant plusieurs fois dans la journée avec de
la poudre de tannin. C'est le meilleur moyen
d'éviter le détachement prématuré de la croûte et
la suppuration qui s'en suivrait. Les deux temps
de cette petite opération peuvent se faire très vite
et ne provoquent qu'une douleur modérée. Quant
aux suites elles sont fort simples. Dans les deux
premiers jours qui suivent la cautérisation il y a
une légère réaction inflammatoire, avec une sensi-

3***

bilité variable. Puis, les jours suivants, toutes les parties piquées au tannin et cautérisées au nitrate d'argent prennent une teinte noire foncée, formant une sorte de croûte ou d'escarre mince, très adhérente aux parties profondes et deviennent, le troisième ou le quatrième jour, tout à fait indolores.

» En une seule séance, il ne convient d'enlever par ce procédé qu'une plaque de tatouage grande en surface comme une pièce de cinq francs en argent.

» Il est préférable de n'agir qu'en fragmentant le tatouage. On évite ainsi toute chance d'accident et l'on n'entrave même pas les occupations de la personne qui se fait détatouer.

» Au bout de quatorze à dix-huit jours, selon le cas, la croûte ou l'escarre superficielle se détache spontanément. Le derme et l'épiderme sont réparés en dessous, et l'on aperçoit à la place du tatouage qui est tombé avec la croûte, une cicatrice superficielle rougeâtre. Cette cicatrice se décolore progressivement et au bout de quelques mois elle est généralement peu apparente. »

MM. Jullien et Bailliot substituent le *bioxalate de potasse* au tannin et au nitrate d'argent : la douleur est sensiblement atténuée et c'est bien là un facteur dont il faut tenir compte, puisque l'opération doit se faire en plusieurs séances et qu'il importe, par conséquent, de ne pas effrayer le patient dès la première tentative.

Les mêmes auteurs ont essayé d'employer une solution phéniquée ; comme il était nécessaire de pratiquer pour une même surface, deux interventions, ils ont abandonné cette deuxième méthode.

Nous empruntons à la thèse du docteur Bailliot l'observation suivante, recueillie dans le service de M. le docteur Louis Jullien, à Saint-Lazare.

Amélie Ch..., 22 ans, couturière.

Entre les deux seins elle porte en tatouage le mot Léon. Les lettres ont sept millimètres de hauteur en capitales romaines et sont suffisamment espacées pour que l'inscription occupe cinq centimètres de longueur. Le tatouage date de cinq ans. Léon étant mort, sa maîtresse demande à s'en débarrasser.

Le 4 août 1893 j'attaque en même temps les quatre lettres en détatouant avec le plus grand soin, au moyen de fines aiguilles imprégnées de bioxalate de potasse.

Le 7 août je revois la malade et je constate que la réaction inflammatoire a dépassé de beaucoup ce que j'attendais. Je trouve à la place indiquée précédemment une eschare noire, humide, oblongue, mesurant six centimètres d'étendue en longueur et deux centimètres en hauteur. Toutes les lettres sont englobées ainsi que l'espace qui les séparait. La malade a beaucoup souffert et se présente avec la langue un peu blanche et une légère fièvre. Les suites sont excessivement simples, j'enlevai l'eschare en entier quelques jours plus tard et cicatrisai rapidement la plaie qui en résultait.

Le 19 janvier 1894, le tatouage a complètement disparu, il ne reste plus qu'une cicatrice un peu gaufrée, ressemblant à une pièce de 5 francs.

La fille Ch. se montre très satisfaite du résultat.

La souffrance et les accidents légers notés dans cette observation doivent leur origine à ce fait que l'opération avait été pratiquée *en une seule fois*. Il est probable d'ailleurs, que les phénomènes inflammatoires consécutifs et l'état général ont été dus à un déplacement du pansement par la malade elle-même.

M. Bailliot ne signale pas d'accidents analogues dans les autres observations publiées (1).

(1) **Cf.** Bailliot. **Thèse Paris,** 1884.

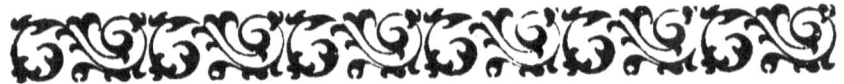

CHAPITRE V

Le tatouage chez les prostituées algériennes

Nous devons encore à l'inépuisable obligeance de M. le Dr Jullien, la communication d'un document très intéressant de M. le Dr Rey, chirurgien du service municipal des vénériennes à Alger. Dans une brochure intitulée : « Quelques réflexions sur » une coutume singulière des femmes publiques » indigènes », l'auteur nous apprend qu'une habitude bizarre de ces prostituées est, en manière de tatouage, de se faire sur la peau des brûlures à l'aide de cigarettes dans des circonstances diverses, peu nombreuses et qu'on peut grouper assez facilement.

Ici encore, on retrouve l'œuvre de tatoueurs professionnels, qui se font payer un prix variant de quelques piécettes à trois douros.

A dix ans, et l'on sait que les algériennes sont déjà nubiles à cet âge, il n'est pas rare que les femmes subissent de nombreux tatouages ornementaux qui se transforment plus tard par suite de la croissance, et pâlissent sans toutefois disparaître.

Chez les prostituées, le tatouage proprement dit est rare, et, comme nous l'avons dit, il est souvent remplacé par des brûlures de cigarettes. Les individus qui fréquentent ces femmes sont souvent aussi porteurs de semblables mutilations : en effet, un soupçon germe-t-il dans l'esprit de la fille sur la fidélité de son amant, elle lui fait une marque, pendant son sommeil ; ce signe sera reconnu par la rivale, occasionnera une scène, puis une rupture.

Le professeur Rey a publié un certain nombre d'observations parmi lesquelles nous relevons les suivantes :

Obs. III. — Fathma ben et Hadj, née de parents kabyles, âgée de 19 ans, veuve à 17, sans enfants. Reste près de deux ans chez les parents de son mari, puis refuse de se marier avec un membre de cette famille et va rejoindre sa mère. Celle-ci ayant été écrasée par une voiture, Fathma est entrée dans une maison publique de mauresques, il y a environ quatre mois.

Tatouée aussi, il y a huit ou neuf ans, par une professionnelle. Les dessins représentent sur son poignet deux barres transversales crénelées ;

ceux de l'avant-bras, de même style, rappellent les caractères hiéroglyphiques....

S'est brûlée après s'être énivrée avec de l'absinthe parce que ses camarades l'avaient fait mettre en colère. Ses brûlures, de cicatrisation toute récente, ont été faites en même temps. Elles ont une coloration lie de vin, sauf la plus petite et la plus élevée dont la croûte n'est pas encore tombée.

Obs. IV. — Hanifa bent Mohamed, 20 ans, de Blidah. Quatre brûlures sur la face dorsale de l'avant-bras droit ; deux faites au dispensaire de Médéah, datant d'un an environ, par chagrin d'y être entrée (grandeur d'une pièce de vingt centimes), une, de la grandeur d'une pièce de cinquante centimes, étant grise dans un café-chantant ; la dernière, fraîche encore, datant d'un mois, pour être restée trop longtemps au dispensaire (1).

On voit la futilité des motifs de ces brûlures, ivresse, incarcération et même simple plaisir, méfiance enfin.

Des accidents d'inflammation et de suppuration sont rapportés dans deux observations publiées par M. Rey.

---

(1) Nous empruntons ces observations à la notice sur « Une coutume singulière des femmes publiques », par le Dr Rey, Lyon, 1896.

Il n'y a pas lieu de s'étonner beaucoup d'une semblable coutume chez des prostituées qui sont insouciantes et malpropres. Un tatoueur professionnel, bien connu à Montmartre, racontait à M. le Dr Jullien, qui a pu vérifier l'exactitude de ce récit, qu'il était régulièrement appelé chez un richissime vieillard qui trouvait un réel plaisir à se faire dessiner des tatouages variés sur les différentes régions de son corps ! Un jour que l'opération n'avait pas été faite suivant les préceptes d'une antisepsie déjà bien relative en temps ordinaires, des accidents septiques apparurent et une réaction générale, fièvre, etc., offrit une telle intensité qu'elle parut mettre un instant la vie du patient en danger. L'histoire ne dit pas si cette leçon suffit pour dégoûter le client de son inconcevable passion... Il y aurait toute une intéressante histoire à faire de ces tatoueurs professionnels et du milieu dans lequel ils pratiquent leur *art !*

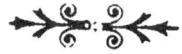

CHAPITRE VI

Moyens employés
contre la pratique du tatouage.

Ce n'est pas impunément que les tatoueurs pratiquent leur néfaste profession. Des cas de septicémie, de gangrène et de mort ont été signalés. Il serait donc urgent que des mesures soient prises qui entravent la libre pratique de ces mutilations.

Puisque nous voulons réclamer des répressions contre sa pratique nous devons signaler en passant la seule application du tatouage qui soit vraiment digne d'éloges, c'est celle qui a pour but de réparer les *taches de la cornée*.

Cette petite opération, dit M. Delens, s'exécute avec un faisceau d'aiguilles « dont la pointe est » trempée dans l'encre de Chine épaisse. La matière » colorante s'incruste dans les lames de la cornée » et s'y fixe. Plusieurs séances sont généralement » nécessaires pour obtenir un tatouage complet.

» Cette opération, sans danger pour les simples
» opacités de la cornée, peut donner des accidents
» quand elle est appliquée aux cas de leucomes
» adhérents. »

Que faire pour empêcher ceux qui se font
tatouer de se livrer au spécialiste?

En premier lieu leur faire savoir, et ce serait là
le moyen le plus efficace, qu'ils arment la justice
contre eux ainsi que peut en témoigner la lettre
suivante :

MINISTÈRE DE L'INTÉRIEUR

Le 23 octobre 1849

Monsieur le Préfet,

Je vous prie d'inviter le directeur à recueil-
lir avec le plus grand soin possible, tous les
signes particuliers qui affectent l'habitude du
corps ; car, à l'aide de ces signes, l'individu
qui ne veut pas reconnaître, comme lui étant
applicable, une condamnation antérieure, est
matériellement contraint de l'avouer. *Il est
utile surtout de relever les objets représentés
par le tatouage et de ne pas les signaler
seulement par l'expression générale de tatoué....*

Diverses ordonnances sont rédigées dans le même sens, et l'organisation du service anthropométrique est venue aussi relever avec une grande exactitude ces marques qui peuvent non seulement après examen des autres signes faire reconnaître un individu, mais aussi dès une première constatation donner à celui qui fait les recherches, des idées précises sur la profession, la moralité d'un prévenu.

(C. F. Berchon. Etude médico-légale).

Il faudrait en outre multiplier dans les administrations des ministères de la guerre et de la marine les circulaires comme celle du 11 février 1860.

.....Plusieurs exemples empruntés à la statistique du département, démontrent que, dans certains cas, la perte du bras, la mort même, peuvent être le résultat de tatouages opérés sur de larges surfaces.......

.....Il appartient donc plus spécialement à MM. les officiers..... de porter à la connaissance des marins..... etc..... les observations qui précèdent, en y joignant, pour l'avenir, l'invitation de renoncer au tatouage d'une manière absolue.

Signé : HAMELIN,

Ministre de la Marine.

Cette circulaire avait été transmise *télégraphiquement* aux autorités compétentes d'après un rapport de M. Berchon.

Les lois existantes ont, dans leur application, toute l'énergie nécessaire pour réprimer les individus qui se font tatouer et ceux qui font métier de mutiler leurs semblables. Les articles à invoquer sont ceux qui visent les mutilations volontaires, les incapacités de travail souvent fort longues que peuvent entraîner ces mutilations. Le châtiment inhérent à ces délits consiste dans la prison, les amendes, voire des indemnités à attribuer aux victimes.

FIN

BIBLIOGRAPHIE

Étude médicale du Tatouage, par Ernest BERCHON. — Baillière et fils, éditeurs. Paris, 1869.

Les Tatouages. — Étude anthropologique et médico-légale, par le Dr A. LACASSAGNE. — Baillière et fils, éditeurs. Paris, 1881.

Du Détatouage, par Marcel BAILLIOT. Thèse Paris, 1894.
> N.-B. — Cette thèse contient une bibliographie antérieure très complète.

Quelques réflexions sur une coutume singulière des femmes publiques indigènes, par le Professeur REY. — Lyon, Assoc. typograph., 1896.

Tatouage et Détatouage, par Léon MABILLE. — C. Robbe, éditeur. Lille, 1898.

L'illustration. — Collection août-septembre 1898.

La lecture pour tous. — Hachette, éditeur, n° 1, octobre 1898.

Essai de détatouage par un procédé nouveau, par Félix BRUNET. — Arch. de médecine navale, oct. 1898.

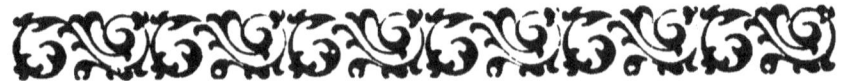

TABLE DES MATIÈRES

LILLE. — IMPRIMERIE LE BIGOT FRÈRES.

A LA MÊME SOCIÉTÉ

MÉDECINE RÉCRÉATIVE ET HISTORIQUE

BURET (Dr). — **La Syphilis aujourd'hui et chez les anciens.** In-16 de 200 pages . . . . . . 3 fr. 50

BURET (Le Dr F.). — **Le « Gros mal » du moyen-âge et la Syphilis actuelle.** In-16 de 320 p. et une préface de M. LANCEREAUX, médecin de l'Hôtel-Dieu, etc. . . 4 fr »

Le gros enseignement qui ressort de ce travail patient et consciencieux, c'est que le terme *lèpre* s'appliquait jadis aux affections cutanées en général et surtout aux maladies vénériennes.

Bien intéressante est l'étude réservée à la thérapeutique ; celle-ci fait l'objet d'un chapitre spécial, à connaître, car il indique un moyen simple et pratique pour éviter la contagion en l'an de grâce 1898.

DÉCUGIS (Le Dr), médecin principal de la marine en retraite, Chevalier de la Légion d'honneur. — **Le Médecin et les merveilles de la Médecine contemporaine.** Un vol. in-12. . . . . 4 fr. »

DUPOUY (Dr Edmond). — **Le Moyen Age Médical.** Un vol. in-12 de 372 pages, 2e édition. . . . . 5 fr. »

Première partie. — *Les Médecins au Moyen Age.*

Deuxième partie. — *Les grandes Épidémies.* — La Peste de 542. — Le mal des ardents. — Les fièvres éruptives au VIe siècle. — La suette d'Angleterre au XVe siècle. — Le scorbut. — La lèpre. — La syphilis.

Troisième partie. — *La Démonomanie au Moyen Age.* — Origine de la Magie et de la Sorcellerie. — Les Théologiens et les Juges démonologues. — Possédés. — Sorciers et Démonomanes. — L'hystéro-démonomanie des cloîtres. — Hystérie et Force psychique.

Quatrième partie. — *La Médecine dans la Littérature au Moyen Age.*

GARRULUS (Dr E.). — **Les Gaîtés de la Médecine.** Volume capable de dérider les fronts les plus soucieux . 4 fr. »

D'ordinaire, l'esprit demande à être administré *fracta dosi.* Ici il ne nous a pas paru indigeste, malgré son abondance à jet continu.

Anecdotes, facéties médicales, nouvelles à la main, jeux de mots et calembours, histoires grasses, farces grivoises, Garrulus vous en sert de toutes les couleurs, tout cela pour vous plaire et vous distraire un moment, grave confrère ! Vous voudrez en tâter un brin de ces histoires qui, comme l'écrit le préfacier, « ont valu à Garrulus, comme *humoriste* (rien de Galien), une si légitime popularité !

GRELLETY (Dʳ), médecin consultant à Vichy. — Pour les médecins. Causeries professionnelles. In-8 écu de 300 pages, édition de luxe . . . . 4 fr. »

Extrait de la table des matières : Aux jeunes médecins qui débutent. — Les dîners médicaux. — La pudeur féminine. — La calligraphie médicale — Éducation physique de l'enfant. — Le malthusianisme. — Vision posthume d'un médecin aquatique. — La virilité des diabétiques. — Dangers de la publicité criminelle. — Coup de balai nécessaire, etc.

LAFAGE (Dʳ Jules). — Un médecin de campagne au XIXᵉ siècle. Un volume in-18 de 75 pages. . 2 fr. »

MONIN (Dʳ E.), Chevalier de la Légion d'Honneur. — Les nouveaux Propos du Docteur. Un fort volume. 3ᵉ édition 1898 . . . . 5 fr. »

NATTUS (Dʳ Jacques). — L'hygiène des fiancés. Un vol. in-18 raisin de la *Petite Encyclopédie médicale.* Cartonné à l'anglaise, fer spécial . . . . 2 fr. »

Ce nouveau livre tient les promesses de son titre suggestif. Quand ils l'auront ouvert bien peu le fermeront avant de l'avoir suivi de la première à la dernière ligne.

NOEL (Eugène), bibliothécaire de la ville de Rouen. — Rabelais médecin, écrivain, curé, philosophe, avec un portrait inédit de Rabelais, gravé à l'eau-forte par A. Esnault. Un vol. in-18 raisin . . . . . . 3 fr. »

Cette remarquable édition, due à la plume d'un érudit, sera tout à fait à sa place dans la bibliothèque du praticien et du pharmacien.

PEINARD, docteur en médecine de la Faculté de Paris, membre de la Société des contribuables. — De la profession médicale en France au XIXᵉ siècle. . . . . 3 fr. 50

PERCHAUX (Dʳ P.) — Histoire de l'hôpital de Lourcine, avec gravures et plan dans le texte. In 8 de 100 p. 2 fr. »

HYPNOTISME — MAGNÉTISME — SCIENCES OCCULTES

BÉRILLON (Dʳ E.), secrétaire général du Congrès de l'hypnotisme, directeur de la *Revue de l'hypnotisme.* — Théories et applications pratiques de l'hypnotisme. In-8 de 40 pages avec 12 figures dans le texte . . . . 1 fr. 25

CROCQ fils (Le D'), lauréat de l'Académie de Belgique, de la Société médicale des hôpitaux de Paris, de l'Enseignement supérieur. — **L'Hypnotisme Scientifique.** Introduction de M. le professeur Pitres, doyen de la Faculté de médecine de Bordeaux. Grand in-8 de 500 pages, avec 98 figures en phototypie hors texte . . . . 12 fr.

DUPOUY (D' Edmond). — **Sciences occultes et Physiologie psychique.** Un vol. in-12 de 312 p. 4 fr.

FONTENAY (Guillaume de). — **A propos d'Eusapia Paladino.** Les Séances de Montfort-l'Amaury. Compte-rendu, Photographies, Témoignages et Commentaires. Un volume, in-8 de 318 pages, illustré . . . . 5 fr.

GASC-DESFOSSÉS (Ed.). — **Magnétisme vital.** Expériences récentes d'enregistrement suivies d'inductions scientifiques et philosophiques, avec une préface de M. le professeur Boirac. Un vol. in-12 de 336 pages . . . . 6 fr.

Un professeur de philosophie, dont le nom et les succès sont connus et appréciés dans le monde universitaire, M. Gasc-Desfossés, vient de reprendre la grosse question du *magnétisme animal* qui, depuis un siècle, est périodiquement agitée et discutée, qui est chaque fois condamnée et enterrée par l'Académie, mais qui renaît toujours avec un plus vif intérêt, des développements nouveaux et une force grandissante. Elle ne saurait subir indéfiniment une aussi cruelle alternative ; et, comme elle a l'avantage cette fois, avec son introducteur autorisé, de présenter une confirmation expérimentale, des marques sensibles d'enregistrement, on peut espérer qu'elle aura enfin la chance de vaincre l'hostilité des corps savants, de conquérir l'opinion publique et d'obtenir droit de cité dans la science.

LAURENT (Emile). — **Les suggestions criminelles,** viols, faux et captations, faux témoignages, les suggestions en amour. Cinq portraits de criminels hors texte. In-8 de 60 pages . . . . 2 fr.

En ces dernières années, le médecin a vu s'étendre considérablement le champ de ses connaissances et de ses recherches.
Ce sujet est d'une importance capitale pour le médecin légiste. La suggestion peut aller jusqu'à faire commettre un crime ? Oui, en certains cas, mais non toujours, et non d'une façon aussi absolue que certains le croient, telle est la réponse qui découle de la lecture de ce livre.
On voit l'importance de ces questions. Rappelons, pour finir, une observation d'avortement amenée par suggestion.

LAURENT (Émile). — **L'amour morbide, sa guérison par l'hypnotisme** (Voir page 34).

D. D. LLOYD TUCKEY. — **Thérapeutique psychique.** Traduit de l'anglais par le Dʳ David, de Sigean (Aude), membre fondateur de la Société d'hypnologie. **3 fr. 50**

MOUTIN (Le Dʳ). — **Le diagnostic de la suggestibilité.** In-8 de 120 p. . . . . **4 fr.**

A. W. VAN RENTERGHEM et F. VAN EEDEN (Les Dʳˢ), d'Amsterdam. — **Psycho-Thérapie.** Un fort volume in-8 de 300 pages . . . . **7 fr. 50**

Ou guérison par l'hypnotisme des affections organiques du système nerveux — des Grandes névroses — des Maladies mentales — des Affections névropathiques — des Névralgies, douleurs, crampes, etc.

HISTOIRE

BLOT (Sylvain). — **Napoléon III,** histoire de son règne. Ouvrage honoré d'une souscription du Conseil municipal de Paris. In-18 de 410 pages (deuxième édition). . . . . **5 fr.**

Le règne de Napoléon III entre dans le domaine de l'histoire. Je constate ce fait avec plaisir, car ce qu'on connaît le moins, ce sont les événements les plus rapprochés. Aussi je crois devoir signaler un volume récemment publié par M. Sylvain BLOT, sous le titre de : *Napoléon III.* C'est une biographie du neveu de Napoléon Iᵉʳ, écrite dans l'esprit le plus libéral, mais avec impartialité. On y voit se dérouler la vie extraordinaire de ce prince, depuis son enfance jusqu'à sa triste chute. C'est un bon livre de vulgarisation, intéressant à lire et très instructif.

CLOSMADEUC (le Dʳ G. Thomas DE), lauréat de l'Institut. — **Quiberon, 1795.** Emigrés et chouans; commissions militaires : interrogatoires et jugements. Gros in-8 de 604 pages . . . . **12 fr.**

Cet ouvrage marquera parmi ceux, déjà nombreux, qui ont tenté de décrire et d'apprécier à la lumière des faits les événements qui se déroulèrent, en 1795, dans la presqu'île de Quiberon, entre l'armée de la République et celle préparée et organisée par les émigrés et les chouans avec l'aide de l'Angleterre qui lui avait fourni le concours de sa flotte aussi bien pour le débarquement que pour les autres opérations militaires.

M. de Closmadeuc aborde et traite son sujet avec ampleur et compétence à l'aide de pièces le plus souvent inédites, puisées aux sources les plus autorisées, jetant ainsi une vive lumière sur des points obscurs et substituant la vérité historique à la fantaisie ou à la passion.

Œuvre des plus consciencieuses et des plus considérables que s'empresseront de consulter tous ceux qui tiennent à s'éclairer sur ce lamentable épisode de nos guerres civiles pendant la Révolution.   A. BISSEUIL,
                                                de la Nouvelle-Revue.

DUPOUY (Dʳ). — **La Prostitution dans l'antiquité dans ses rapports avec les maladies vénériennes.** 4ᵉ édition . . . . **5 fr.**

L'auteur étudie surtout la prostitution dans l'Inde, en Asie-Mineure, en insistant sur les Vénus asiatiques, la prostitution en Egypte, la prostitution chez les Hébreux, en Grèce. Cette partie de l'ouvrage est des plus documentées, comprenant l'étude de la prostitution légale athénienne, les Dictérions, la prostitution libre, les Hétaïres, l'amour antiphysique, la tribaderie et le saphisme. Il passe ensuite à la prostitution sacrée en Italie, les fêtes de la prostitution religieuse à Rome, la prostitution légale en Italie, les auxiliaires de la prostitution, les lois et les règlements de la prostitution à Rome, la prostitution masculine, la corruption des Césars, la pédérastie légale, et termine par les maladies vénériennes chez les Grecs et les Romains et les monuments figurés de l'histoire de la prostitution.

                                (Analysé par le Dʳ DE BOURGON.)

MONIN (Henry), ancien élève de l'Ecole normale, agrégé d'histoire, docteur ès-lettres, professeur au collège Rollin et à l'Hôtel-de-Ville de Paris. — **Histoire contemporaine, 1789-1895.** In-18 de 130 p. **1 fr. 25**

PHILOSOPHIE

ALLONVILLE (Finard d'). — **Causeries sur les phénomènes de la nature.** Un vol. in-8 jésus illustré, figure en couleurs . . . . **4 fr. »**

Ces causeries montrent que les principes d'après lesquels se produisent les phénomènes de la nature n'ont *rien* qui soit *difficile à saisir*.

Chaque personne pourra atteindre ce but, *sans étude préalable, en quelques instants*, après avoir lu ce petit volume qui lui présentera un *tableau expliqué* des phénomènes naturels.

Pour les enfants dans les écoles, ces notions *simples*, quoique basées sur les *principes de la haute science*, peuvent les aider à préparer leur intelligence pour poursuivre leurs études et mieux saisir les explications du maître.

BAZALGETTE (Léon). — **L'esprit nouveau dans la vie artistique, sociale et religieuse.** Un volume in-18 jésus. . . . . 3 fr. 50

KUHFF (née ÉLIA PAROT). — **Le Devoir de demain.** Pensées d'une femme à propos du mouvement Néo-Chrétien (2ᵉ édition). — Ouvrage adopté par le Conseil municipal de Paris. . . . . 2 fr. 50

FEUILLET-STREIFF (H.). — **Synthèse psychologique.** Un vol. in-8. . . . . 2 fr. 50

HEMEL (Claude). — **Les Métamorphoses de la Matière.** In-8 double écu de 216 pages. . . . . . 3 fr. 50

Ce livre n'a rien de métaphysique, c'est l'exposition, aussi simple et aussi claire que possible, des phénomènes naturels, sans intervention mystique d'aucune sorte; c'est la démonstration de ce qu'on sait. Quand l'auteur ne sait pas, il le dit et s'arrête, laissant le champ libre aux recherches ultérieures. Il s'efforce de ne donner à ses lecteurs aucune idée fausse, et se garde de leur faire croire, en se servant de mots que nul n'entend, qu'il est plus avancé que ceux qui avouent humblement leur ignorance.

JOLLIVET CASTELOT (F.). — **La Vie et l'Ame de la Matière.** Essai de physiologie chimique. — Etudes de dynamochimie. Un vol. broché . . . . 3 fr. 50

JOUGLARD. — **L'Univers et sa cause, d'après la science actuelle.** Un vol. in-18 jésus . . . . . . 3 fr. 50

LAURENCE. — **Le Moi éternel** . . . . . . 2 fr. 75

LAURENT. — **L'Amour morbide.** Étude de physiologie pathologique (8ᵉ mille). . . . . 4 fr. »

MALVERT. — **Science et Religion.** Un vol. in-12 de 134 pages et 81 figures (2ᵉ édition). . . . . 2 fr. 50

RENOOZ (Mᵐᵉ Céline). — **La Force.** In-8 de 184 pages (2ᵉ édition). . . . . 4 fr. »

TILLIER. — Le Mariage, sa genèse, son évolution. 1 fort
vol. de 320 p. . . . . 7 fr. 50

L'auteur a essayé de démontrer qu'il était possible d'arriver à des
conclusions positives sur ce sujet, en prenant comme point de départ
l'étude du mariage dans la série zoologique. Quelques-unes de ces
conclusions ne sont pas sans doute à l'abri de la critique, telles
qu'elles sont présentées elles pourront néanmoins servir à des études
ultérieures. Elles serviront, en tout cas, à établir quel intérêt s'attache
à l'observation attentive des mœurs sexuelles des animaux vivant
en liberté.

LES
SCIENCES BIOLOGIQUES
A LA FIN DU XIXᵉ SIÈCLE

MÉDECINE, HYGIÈNE, ANTHROPOLOGIE,
SCIENCES NATURELLES, ETC.

Publiées sous la direction de

**MM. R. Blanchard, Charcot, Léon Colin, V. Cornil,
Duclaud, Dujardin-Beaumetz, Gariel, Marey,
Mathias-Duval, Planchon, Trélat,
Dʳ H. Labonne** et **Égasse,** Secrétaires de la Rédaction.

Plus de 1000 gravures originales illustrent le texte et mettent
ainsi cet ouvrage au niveau des publications les plus répandues.
Cette publication forme un magnifique volume in-8 grand
jésus, imprimé à deux colonnes, d'environ 800 pages.

Prix du vol. broché . . . . **32 fr.**
Prix du vol. relié avec dorures. . . . . . . **35 fr.**

Recommandé plus spécialement à MM. les Médecins, Pharmaciens et Ingénieurs.

www.ingramcontent.com/pod-product-compliance
Lightning Source LLC
Chambersburg PA
CBHW070955240526
45469CB00016B/1172